여행 속에 머무르는 시간 | 한 달쯤 시리즈

한 달쯤, 파리

UN MOIS À PARIS

PROLOGUE
파리에서 한 달 살기

"글쎄, 정말 그래도 될까?"

우선 애매하게 대답하고 전화를 끊었다. 파리에서 한번 살아보지 않겠냐고? 오래전 동생과 여행차 들러 일주일 정도 머물렀던 파리. 직사각형으로 반듯하게 깎아놓은 가로수가 무척 인상적이었던 파리의 어느 봄날, 하루에도 몇 차례씩 보슬비가 내렸었다. 밤 10시까지 대낮처럼 환했고, 거리의 파리지엔느는 옷을 참 예쁘게 입고 있었고, 생각보다 에펠탑이 무척 컸다. 촉촉한 비에 젖어가는 희뿌연 도시 파리는 기대했던 것만큼 낭만적이었다. 그래서 나도 애인이 생기면, 동생이 아닌 나만의 그 사람과 꼭 한 번 다시 와야지 하고 다짐했었다.

프랑스인 친구 에드워드의 전화를 끊고, 기억 속을 더듬어 찾은 파리는 그런 곳이었다. 뉴요커만큼 많은 이들이 꿈꾸는 파리지앵Parisien ('파리에 사는 사람'을 뜻하는 프랑스어). 에드워드의 말대로 잠깐 동안이지만 파리지엔느Parisienne ('파리지앵'의 여성형)로 사는 것도 좋을 것 같았다. 솔직히 기꺼이 그래보고 싶다. 그렇지만 바로 그 제안을 한 에드워드 때문에 망설여진다. 로마의 언어학교에서 만난 그와는 수차례의 메일 교환과 전화통화, 스카이프에서의 만남으로 서로에 대해서 조금씩 알게 되어 천천히 친해지기 시작한 사이다. 그

파리에 어둠이 내리면
Paris la nuit

센 강의 연가 / 100
    센 강 산책 / 106
깊어가는 파리의 밤, 에펠은 반짝이고 / 108
검은 고양이는 떠났어도, 아직 몽마르트르의 밤에는 / 118
루브르와 오르세의 창문 / 130

파리의 낮, 나 홀로 즐기기
Paris le jour

박물관 마니아 / 144
    여유가 있는 파리의 박물관 / 150
파리에 비가 내리면 길모퉁이 서점으로 / 156
    파리의 아름다운 서점 / 164
눈이 부시게 푸르른 날은 파리의 공원이 그립다 / 166
    파리의 공원 / 172
파리의 달팽이꼴 20구 방문하기 / 174

테이블 위의 행복
À table!

달콤한 파리의 상징, 마카롱 / 214
    파리에서 가장 맛있는 마카롱 / 220

식후에는 치즈 한 조각 / 226
    치즈 초보자에게 추천하는 치즈 / 234
    치즈 중급자에게 추천하는 치즈 / 236
    치즈에 익숙한 이에게 추천하는 치즈 / 238

프랑스 요리에 빠질 수 없는 또 하나의 음식, 와인 / 240
    파리의 와인 바 / 250

생각보다 간단한 프랑스 가정식 레시피 / 252
    호박 포타주 / 256
    치즈 수플레 / 258
    화이트 와인을 넣어 익힌 고등어 요리 / 260
    포토푀 / 262
    타르트 타탱 / 264

파리 식도락 / 266
    파리의 맛있는 레스토랑 / 268

당일치기 소도시 여행
Petites Villes

생제르맹앙레 / 278

랭스 / 286

오세르 / 292

샤르트르 / 298

샹티이 / 302

EPILOGUE / 308

파리에 가기 전에

파리의 시작
기원전 52년 로마는 지금의 프랑스 지역에 해당하는 '갈리아 지방'을 로마 제국의 속주로 편입시키고 지배했다. 당시 로마인들은 센 강 주변에 요새를 구축하고 건물을 세워 도시를 건설했다. 이것이 바로 '파리'의 시작이다. 지금은 면적 105km²의 넓은 도시 파리지만, 당시에는 시테 섬(Île de la Cité)만이 '파리'였다. 로마인들이 갈리아 지방을 지배하기 전부터 시테 섬에 살고 있던 켈트족(기원전 500년경부터 지금의 프랑스 지역으로 이주해 살기 시작한 것으로 추정)을 로마인들은 파리시족(Parisii)이라 불렀고, 여기서 파리(Paris)라는 도시명이 유래했다. 시테 섬으로 시작한 파리는 세기를 거듭하며 조금씩 확장, 1860년 현재의 파리로 정착되었다.

프랑스와 수탉의 관계
프랑스에는 닭을 이용한 장식품이나 그림이 도처에 있다. 뿐만 아니라 교회당 첨탑에는 항상 수탉 풍향계가 달려 있다. 2002년 한일월드컵 때 프랑스 응원단이 매 경기마다 수탉을 들고 다니며 응원하던 모습도 기억이 날 것이다. 대체 프랑스와 닭은 어떤 관계가 있는 것일까?

독수리도 호랑이도, 사자도 늑대도 아닌 왠지 하찮아 보이는 수탉과 프랑스의 관계는 기원전으로 거슬러 올라간다. 예전에 로마인들은 지금의 프랑스, 벨기에, 스위스 서부, 라인 강 서쪽의 독일과 네덜란드의 일부 지방을 포함하는 지역을 갈리아(Gallia는 라틴어, 프랑스어는 골Gaule) 지방이라 불렀고, 갈리아 지방에 사는 사람들을 갈리(Galli는 라틴어, 프랑스어는 골루아Gaulois)라고 불렀다. 당시 로마인들이 사용하던 라틴어의 갈루스(Gallus, Galli의 단수형)란 '갈리아 사람'이란 의미 이

외에 '닭'이란 의미도 지니고 있어, 프랑스의 상징으로 자연스레 수탉을 사용하게 된 것이라 한다.

마리안느는 누구인가?
프랑스의 관공서나 법원에 반드시 보이는 한 여자의 동상. 그녀는 프랑스의 동전과 우표, 프랑스 정부 로고에도 등장한다. 프랑스를 상징하는 듯한 그녀는 대체 누구일까? 그녀는 실존했던 인물이 아니라 프랑스 혁명 이념인 자유를 상징하는 가공인물로 1848년 프랑스를 상징하는 여성상으로 공포되면서 '마리안느(Marianne)'라는 이름까지 가지게 되었다. 마리안느라는 이름은 당시 프랑스 여자 이름에 가장 많았던 마리(Mari)와 안느(Anne)을 합성해 만든 것이라 한다.

자유, 평등, 박애 Liberté, Égalité, Fraternité

파리 거리 이곳저곳에서 쉽게 볼 수 있는 세 단어 Liberté(자유), Égalité(평등), Fraternité(박애). 이는 프랑스 혁명(Révolution française)의 슬로건이었다. 프랑스 혁명은 18세기 프랑스에서 일어난 시민혁명으로, 전근대적인 사회체제를 개혁하고 근대 시민사회를 수립한 혁명이다. 정치권력이 소수의 왕족과 귀족에서 일반 시민으로 바뀌는 역사의 획기적 전환점을 일으켰다는 점에서 세계 역사상 크게 평가되고 있다. '자유, 평등, 박애'를 프랑스 공화국의 공식 표어로 사용하기 시작한 것은 제3공화정(1870~1940)부터였다.

갑옷 입은 소녀 잔 다르크, 기도하는 성녀 요안나 아르크

프랑스의 수많은 성당에서 성 베드로 상보다 더 쉽게 볼 수 있는 동상 중 하나가 기도하는 소녀, 바로 프랑스의 구국소녀 잔 다르크(Jeanne d'Arc)의 동상이다. 영국과 프랑스 사이에 100년이나 지속되었던 백년전쟁(Guerre de Cent Ans, 1337~1453) 말기, '프랑스를 구하라'는 신의 음성을 듣고 나타나 위기에 처한 프랑스를 구해낸 17살 소녀 잔 다르크. 하지만 그녀는 영국의 포로가 되어 혹독한 고문과 종교적으로 이단이라는 누명을 쓰고 화형되고 말았다. 그녀가 죽은 25년 후, 종교재판소는 잔 다르크에 대한 심사를 재개, 그녀의 누명을 벗겨주고, 그녀를 순교자로 선언했다. 잔 다르크의 동상을 프랑스의 여러 성당에서 볼 수 있는 것은, 그녀가 1920년에 로마 가톨릭 교회의 성인으로 시성되었기 때문이기도 하다. 그녀의 성명(聖名)은 성녀 요안나 아르크(Sancta Ioanna de Arc)이다.

프랑스를 빛낸 영웅 나폴레옹

'Impossible n'est pas français!' 흔히 "내 사전엔 불가능이란 없다"로 번역되는 말을 한 사람, 나폴레옹(Napoléon)은 프랑스 역사상 가장 중요한 인물 중 한 사람이다. 프랑스에 가면 그와 관련된 수많은 전시물과 관련 서적 및 정보를 보고 듣게 될 것이다. 한때 유럽의 절반 이상을 재패했던 그는, 1769년 프랑스령의 작은 섬 코르시카(Corsica, 프랑스어로 코르스Corse)의 가난한 집안에서 태어나, 1799년 쿠테타를 일으키고, 5년 후 프랑스 황제로 등극한 프랑스의 대표적인 영웅이다. 나폴레옹은 전쟁 영웅임과 동시에 프랑스 대혁명의 이상을 퍼트린 인물이자 교육, 종교, 문화, 법률, 교통 등 프랑스 사회 전반의 기초를 다져 놓은 인물이기도 하다. 특히 그가 제정한 나폴레옹 법전(Droit français)은 세계 최초의 민법전으로, 현 프랑스 민법의 초석이 되어 지금까지 존속되고 있으며, 세계 민법에 큰 영향을 미치기도 했다. 그의 유해는 황금빛 돔이 아름다운 파리의 앵발리드(Invalides) 군사 박물관에 안장되어 있다.

파리 시내의 교통 정보

유럽의 여느 도시들보다 대중교통이 발달되어 있는 파리는 지하철, RER, 버스, 트램, 택시는 물론 무인 자전거 대여 시스템(벨리브)과 무인 자동차 대여 시스템(오토리브) 등 다양한 형태의 교통수단이 정비되어 있다.

버스, RER, 지하철, 트램

편리한 지하철 Métro

파리의 지하철은 크게 14개의 노선과 몇 개의 정거장만을 운행하는 3bis 노선, 7bis 노선을 포함하여 총 16개 노선을 운행한다. 지하철만으로도 파리의 구석구석 어디든지 쉽게 이동할 수 있어 여행자가 이용하기에 가장 수월한 이동 수단이다.

운행시간 5:00~새벽 1:00(정거장마다 조금씩 차이가 있다)

지역 급행 철도 RER (Réseau Express Régional)

A선, B선, C선, D선, E선으로 나뉘어 총 5개의 노선을 운행하는 철도망으로 파리 시내 이동은 물론, 파리 근교 도시까지도 이동이 가능하다.

운행시간 5:00~00:30

쾌적한 버스 Autobus

파리의 버스는 조용하고 청결하다. 파리 중심지는 물론 외곽에 이르기까지 수많은 노선이 마련되어 있어 버스만 잘 이용해도 파리를 샅샅이 둘러볼 수 있다. 티켓 한 장으로 90분간 환승이 가능하므로 경제적이기도 하다. 파리의 모든 버스 정류장에는 버스 노선도와 버스 시간 안내 서비스를 해서 더욱 이용하기 편리하다. 이동 중 창밖으로 파리를 감상할 수 있으니 짧은 여정으로 파리에 온 여행자에게 적극 추천한다.

운행시간 6:30~20:00(노선마다 차이가 있다. 노선에 따라 새벽 1시까지 운행하는 곳도 있다)

트램 Tramway

1, 2, 3a, 3b, 총 4개의 노선이 있는 파리의 트램은 파리 외곽 지역만을 운행한다. 때문에 여행자들이 이용하는 경우는 별로 없다. 버스와 마찬가지로 창밖을 보며 이동할 수 있어 좋고, 교통체증의 염려가 없는 것이 장점이다. 지하철이나 버스 안 노선도에 ⓣ로 표기되어 있는 곳이 트램과 연계되는 정거장이다.

운행시간 5:30~00:50

버스, RER, 지하철, 트램의 요금

버스, RER, 지하철, 트램은 모두 하나의 티켓으로 이용이 가능한 통합 승차권을 사용한다. 다만 파리와 파리 근교를 5개의 구역(Zone)으로 나누어 각 구간당 요금을 달리한다. 참고로 파리 시내에서만 머무를 예정이면 1존과 2존만 이용하면 되고, 1존에서 2존까지는 요금이 동일하다.

티켓은 거리의 일부 담배 판매소(Tabac)에서 구입하거나 버스의 경우는 탑승 시 운전기사에게 직접 살 수도 있지만, 지하철이나 RER 역 내의 승차권 자동발매기나 티켓 창구에서 구입하는 것이 선택의 폭도 넓고 더 경제적이다.

〈 티켓의 종류와 가격 〉

- 일반 승차권 Ticket t+
    한 번만 사용할 수 있는 편도권 1,70€
    버스 기사에게 직접 표를 살 경우 2€
    10장 묶음 일반권(Carnet de 10 tickets t+/tarif normal) 13,30€
    10장 묶음 할인권(Carnet de 10 tickets t+/tarif réduit) 6.65€
    환승 지하철-지하철, 지하철-RER, RER-RER(1, 2존 내)
    버스-버스, 버스-트램, 트램-트램(90분간 횟수 제한 없이 환승 가능)
    〈참고〉 몽마르트르 언덕의 케이블카 이용도 가능하다. '10장 묶음 할인권'은 어린이, 노령자, 3명 이상의 자녀를 둔 부모 등이 구입할 수 있다.

- 1일 승차권 Mobilis
    하루(오전 5:50~새벽 1:00) 동안 지하철, RER, 버스, 트램을 무제한 이용할 수 있는 승차권이다. 금요일, 토요일, 공휴일의 경우 오전 5시 50분부터 새벽 2시 30분까지 유효하다. 심야버스는 오전 5시 30분까지 사용할 수 있다.
    가격 1~2존 6,60€, 1~3존 8,80€, 1~4존 10,85€, 1~5존 15,65€
    〈주의사항〉 승차권에 영문이름과 사용날짜를 반드시 기입할 것! 몽마르트 언덕의 케이블 카 이용 가능.

- 젊은이를 위한 주말 승차권 Ticket Jeunes Weekend
    만 26세 미만의 젊은이들이 토요일과 일요일, 공휴일에 하루 동안 지하철, RER, 버스, 트램을 무제한 이용할 수 있는 승차권. 심야버스는 오전 5시 30분까지 사용할 수 있다.
    가격 1~3존 3,65€, 3~5존 4,60€, 1~5존 7,85€
    〈주의사항〉 승차권에 영문이름과 사용날짜를 반드시 기입할 것! 몽마르트 언덕의 케이블 카 이용 가능.

- 파리 비지트 승차권 Paris Visite

파리 중심지 이용권(Paris Centre, 1~3존)과 파리 근교 이용권(Paris+suburb+airports, 1~5존) 두 종류가 있고, 각각 1일권, 2일권, 3일권, 5일권이 있다. 기간 내에 택시를 제외한 모든 대중교통을 무제한 이용할 수 있는 교통패스로 이 승차권을 가지고 있으면 몇몇 백화점과 박물관에서 할인 혜택을 받을 수 있다. 몽마르트르 언덕의 케이블카도 이용할 수 있다.

가격

파리 중심지 이용권
1~3존 : 사용 개시일 오전 5시 30분부터 사용 만기일 오전 5시 30분까지 유효.
1일권 성인 10,55€ , 만 12세 미만 5,25€
2일권 성인 17,15€ , 만 12세 미만 8,55€
3일권 성인 23,40€ , 만 12세 미만 11,70€
5일권 성인 33,70€ , 만 12세 미만 16,85€

파리 근교 이용권
1~5존 : 사용 개시일 오전 5시 30분부터 사용 만기일 오전 5시 30분까지 유효. 오를리(Orly) 공항을 연결하는 무인 조정 기차(Orlyval)도 이용 가능.
1일권 성인 22,20€ , 만 12세 미만 11,10€
2일권 성인 33,70€ , 만 12세 미만 16,85€
3일권 성인 47,25€ , 만 12세 미만 23,60€
5일권 성인 57,75€ , 만 12세 미만 28,85€

〈파리 비지트 승차권 할인 혜택을 받을 수 있는 곳〉
- 10% - 라파예트 백화점(Galeries Lafayette)
- 15% - 시내 관광 오픈버스(Open Tour)
- 20% - 개선문 전망대(Arc de Triomphe), 파리 법원 청사 내 감옥(Conciergerie), 앵발리드 무기 박물관(Musée de l'Armée-Hôtel National des Invalides), 파리 디즈니랜드(Disneyland Paris)
- 25% - 파리 유람선(Bateaux parisiens)
- 30% - 미니어처 공원(France miniature), 그레뱅 박물관(Musée Grévin), 몽파르나스 전망대(Tour Montparnasse)

- 정기권 Navigo

충전식 교통카드로 일주일권(Navigo Semaine)과 한 달권(Navigo Mois), 일 년권(Navigo Annuel) 등이 있으며, 1~5존까지 지역을 선택해서 충전할 수 있다. 해당 기간 내 해당 지역에서 택시를 제외한 모든 대중교통을 무제한 이용할 수 있다. 단, 충전할 플라스틱 카드를 5€에 구입해야 하며(일부 담배 판매소에서 구입 가능) 카드에 사진을 반드시 부착해야 한다.

〈주의사항〉
일주일권은 월요일부터 일요일까지 사용할 수 있다. 즉, 개시일로부터 일주일간 사용할 수 있는 것이 아니므로, 만약 금요일에 충전을 하면 3일밖에 사용할 수 없다. 한 달권 또한 개시일로부터 한 달이 아닌 매월 1일부터 매달 말일까지 사용할 수 있다.

- 정기권 가격

지역	일주일권	한 달권
1~2존	19,8€	65,10€
1~3존	25,65€	84,10€
1~4존	31,05€	102,30€
1~5존	34,40€	113,20€
2~3존	18,70€	61,40€
2~4존	23,70€	77,80€
2~5존	27,40€	90,10€
3~4존	17,90€	59,20€
3~5존	21,85€	72,00€
4~5존	17,45€	57,30€

〈참고〉
파리 교통 공단(RATP)의 인터넷 사이트에서 지하철, RER, 버스, 트램의 노선도 및 시간표, 출발지와 목적지 간의 최단 거리 및 소요 시간 등을 알아볼 수 있다. 프랑스어, 영어, 독일어, 이탈리아어, 스페인어, 일본어를 지원한다. 노선도는 모바일 애플리케이션 다운로드도 가능하다.
www.ratp.fr

택시

파리에서 택시를 이용하려면 우리나라와 마찬가지로 택시 승강장에서 택시를 기다리거나, 길에서 지나가는 택시를 잡아서 타거나, 택시 회사에 전화를 해서 콜택시를 부르는 세 가지 방법이 있다. 단, 콜택시의 경우 택시가 손님이 있는 곳으로 오는 도중의 가격, 즉 택시의 출발지부터 요금이 적용되어 금액이 비싸다. 콜택시를 부르는 방법은 각 택시 승강장에 표기되어 있는 전화번호로 전화를 하거나 콜택시 회사로 직접 전화하면 된다. 길에서 지나가는 택시를 잡을 경우는 50미터 내에 택시 승강장이 없는 곳에서 잡는 것이 빠르다.

콜택시 회사와 전화번호

Taxis G7
www.taxisg7.fr
3607(통화료 분당 0,15€)

Taxis bleus
www.taxis-bleus.com
0899 18 23 50(통화 기본료 1,35€ +분당 0,34€)

택시의 요금 제도

택시 요금은 A, B, C 세 종류가 있으며 택시 위에 있는 작은 램프에 각각 세 가지 색상으로 나누어 표시한다.
기본요금 2,50€
A요금(파리 시내 평일 10:00~17:00) 1€/km, 시간당 31,04€ 흰색 램프로 표시
B요금(파리 시내 평일 17:00~10:00, 일요일, 국경일 7:00~24:00) 1,24€/km, 시간당 36€ 오렌지색 또는 노란색 램프로 표시
C요금(파리 시내 일요일 00:00~7:00) 1.50€/km, 시간당 32,20€ 파란색 램프로 표시

기타 추가 요금 및 주의사항

- 예를 들어 A요금 시간대에 2km 이동 후, 택시에서 내릴 경우, 기본요금 2,50€에 2€를 추가해 4,50€를 내야 하는 것이 아니라, 기본으로 6,60€를 지불해야 한다.
- 5kg 이상의 짐 한개는 공짜. 2개 이상일 경우 개당 1€ 추가 요금이 적용된다.
- 파리의 택시는 3명 이하를 태우는 것을 기본으로 한다. 4명이 승차할 경우 승차 거부를 당할 수도 있으며, 추가 요금 3€를 내야 한다.

파리의 또 다른 대중교통

무인 자전거 대여 시스템 벨리브 Vélib'
www.velib.paris.fr
교통 체증과 도심 공해를 줄이기 위해 2007년 7월부터 파리 시에서 운영하는 무인 자전거 대여 시스템이다. 단거리 이동 수단으로 가장 경제적인 방법이자, 파리의 곳곳을 더 가까이서 볼 수 있는 이상적인 교통수단이다.
이용 방법 및 요금제는 본문 59쪽을 참고

무인 자동차 대여 시스템 오토리브 Autolib'
www.autolib.fr(프랑스어 사이트), www.autolib.eu(영문 사이트)
교통 체증과 도심 공해를 줄이고 주차난을 해소하기 위해 2011년 12월부터 파리 시에서 운영하는 무인 자동차(무공해 전기 자동차) 대여 시스템이다. 대중교통을 이용해서 이동하기 부담스럽거나 파리에서 운전을 해보고 싶다면 이용해볼 만하다.

- **오토리브 사용 방법**

    오토리브 공간(Espaces Autolib'), 오토리브 대여소(Stations Autolib') 또는 오토리브 중앙 안내소(Centre d'accueil et d'information Autolib', 〈주소〉 5, rue Edouard VII, 75009 Paris), 오토리브 인터넷 사이트에서 오토리브 회원에 가입한 후, 오토리브 대여소의 단말기에 회원증을 인식한 다음 사용하면 된다. 회원증을 인식할 때는 본인 확인 및 음주, 마약 등에 대한 확인절차를 거친다. 회원 가입 시 운전면허증, 신분증(여행자의 경우 여권), 신용카드(Visa, Mastercard, American Express, Carte Bleue)가 필요하다.

- **오토리브 요금 제도**

기간	회원권 요금	30분당 이용 요금
1일권	10€	7€
일주일권	15€	7€
한 달권	30€	6€
일 년권	144€	5€

- 오토리브 기타 정보
  • 오토리브는 한 번 충전하면 250㎞ 운행이 가능하며, 최대 시속 130㎞까지 낼 수 있다.
  • 내비게이션이 장착되어 있어 파리 지리를 모르는 외국인들도 쉽게 이용할 수 있다.
  • 운행 시 사고가 났을 경우 오토리브 운행 회사가 전적으로 책임을 진다.
  • 자동 기어 시스템을 사용한다.

기타 대중교통 정보

파리 이외 지역, 지방 도시 및 다른 유럽 국가를 여행하고 싶다면 프랑스 국철(SNCF)을 이용해서 이동할 수 있다.
SNCF 인터넷 사이트 www.sncf.com(프랑스어, 영어, 독일어 지원)

파리 시내의 숙박 정보

호텔
짧은 여정으로 파리에 머무를 생각이면 비싸기는 해도, 가장 편한 호텔을 이용하면 좋다. 다만 세계적인 관광 도시인 파리를 바캉스 시즌에 여행할 생각이면 예약을 서둘러야 한다. 또한 자칫 가격만을 고려해 호텔을 정하면 시설이 낙후되어 있거나 교통이 불편한 곳일 수 있으니 예약 전 충분한 검토를 권한다.
파리의 호텔 정보는 한국이나 파리 현지의 한국 여행사, 인터넷에서 다녀온 사람들의 후기 및 파리 관광청의 정보를 참고하면 좋다.
파리 관광청 사이트 www.parisinfo.com(한국어 지원)

유스호스텔
세계적인 관광 도시 파리에는 수많은 유스호스텔이 있다. 시설도 깔끔하고 다른 숙박 시설에 비해 저렴한 편이므로 젊은 여행자들에게 권할 만하다. 인터넷에 다양한 후기들이 있으니 참고해서 미리 예약해두면 좋다.
유스호스텔 예약 사이트 www.hosteltimes.com(한국어 지원)

한국인 민박
파리에는 많은 한국인들이 이주해서 살고 있다. 한국인들이 운영하는 민박집 또한 많아 선택의 폭이 넓다. 아침과 저녁을 한식으로 먹을 수 있고 언어 소통에 전혀 문제가 없다는 장점이 있어, 한국 관광객들에게 가장 인기 있는 숙박 시설이다. 인터넷 카페나 블로그를 검색하여 충분히 후기를 살펴보고 결정하자.

현지인 민박 비앤비 B&B
파리에 왔다면 언어 소통이 조금 불편하더라도 파리지앵의 집에서 며칠을 지내며 여행의 추억을 만들어보는 것도 좋다. 대부분의 비앤비는 조식을 포함하므로 프랑스풍의 아침을 먹을 수도 있으며 직접 취사를 할 수도 있다. 비앤비의 이야기를 담은 후기들을 참고해 출발 전 미리 예약을 하자.
www.2binparis.com(프랑스어, 영어, 독일어, 이탈리아어, 스페인어 지원)

단기간 렌탈 아파트
파리에 오랜 시간 머무를 생각이면 아예 아파트를 단독으로 빌려서 사용하는 것이 경제적이고 편안하다. 반드시 장기간이 아니라도 하루나 일주일도 렌탈이 가능하다. 침구, 취사도구, 냉장고, TV, 컴퓨터, 식기 세척기 등 소모품을 제외한 생활에 필요한 모든 것이 마련되어 있어서 전혀 불편함이 없다. 여행 중에도 나만의 보금자리가 있다는 느낌을 가질 수 있어 좋고, 친구들과 여럿이 모여 파리에 왔다면 다른 어떤 숙박시설보다 경제적이다. 취향에 맞는 아파트를 고르기 위해서는 예약을 서둘러야 한다. 예약 전에는 인터넷 후기들을 꼭 참고하자.

- 렌탈 아파트 예약 사이트
    WaytoStay www.waytostay.com(한국어 지원)
    Wimdu www.wimdu.co.kr(한국어 지원)
    Ah Paris www.ahparis.com(프랑스어, 영어, 스페인어 지원)
    airbnb www.airbnb.co.kr(한국어 지원)
    Paris Holiday Apartments www.parisholidayapts.com(영어 지원)
    Clickappart www.clickappart.com(프랑스어, 영어 지원)
    Adagio aparthotel www.adagio-city.com(프랑스어, 영어, 독일어, 스페인어 지원)

*3개월 이상 파리에 머무를 계획이면, 단기 렌탈 아파트보다는 아파트를 임대해 월세를 내는 편이 더 경제적이다. 재불 한인 인터넷 사이트인 프랑스존(www.francezone.com)이나 프랑스 주택 거래 인터넷 사이트 pap(www.pap.fr)를 통해 알아볼 수 있다. 단, pap를 통해 집을 구할 경우에는 프랑스어가 가능해야 한다.

주 프랑스 한국문화원

주소 2, avenue d'léna, 75116 Paris
전화번호 +33 01 47 20 84 15, +33 01 47 20 83 86
가는 법 지하철 6호선 트로카데로(Trocadéro) 역 또는 지하철 9호선 트로카데로(Trocadéro) 역, 이에나(léna) 역, 버스 82번, 63번, 32번, 72번
개관 시간 월·화·수·금요일 9:30~18:00, 목요일 9:30~20:00, 토요일 14:00~19:00
휴무 일요일
홈페이지 www.coree-culture.org

주 프랑스 대한민국 대사관

주소 125, rue de Grenelle, 75007 Paris
전화번호 +33 01 47 53 01 01
야간 당직전화 +33 06 80 28 53 96
가는 법 지하철 13호선 바렌(Varenne) 역
개관 시간 월요일~금요일 9:30~12:30, 14:00~18:00
홈페이지 fra.mofa.go.kr

À la Parisienne

무턱대고 파리지앵
그들의 삶 속으로

한 손에는 바게트
파리의 자전거, 벨리브를 타고
한국 영화를 보면 파리지앵이 된다?
진정한 부르주아를 만나다
데생 학원에 등록하다

한 손에는 바게트

À la Parisienne

지난 밤, 커튼 치는 걸 깜빡하고 잠든 덕에 잠에서 깨자마자 눈 안 가득 파란색이 채워진다. 파리의 첫 아침이 파란 하늘이라 기분이 좋다. 얼른 창가로 가서 창문을 활짝 열었다. 창문 틈 사이로 상체를 조금 빼고 힘껏 기지개를 켜며 나오지도 않는 하품을 억지로 해본다. 요란스런 하품 끝에 머무른 시선은 한 주택가의 골목이다. 한산한 골목길에 띄엄띄엄 보이는 사람마다 뭔가를 부둥켜안고 열심히 걷는다.

"모두들 바게트를 안고 다니네."

한 손에는 목줄을 한 강아지를, 다른 한 손에는 하얀 종이에 바게트를 말아 들고 걷는 젊은 남자, 적어도 다섯 개가 넘는 바게트를 담은 누런 종이봉투를 품에 안고 걷는 할머니, 자전거 앞 바구니에 푸성귀 사이로 바게트 두 개를 찔러 넣고 달리는 중년의 아주머니, 유모차를 끄는 엄마의 소매 끝을 잡고, 손에는 바게트 하나를 벅차게 들고 걷는 어린 딸아이. 프랑스 사람들의 아침은 방망이처럼 기다란 프랑스 빵 바게트Baguette로 시작된다. 파리의 첫 아침, 나도 그들처럼 아침을 시작해볼까?

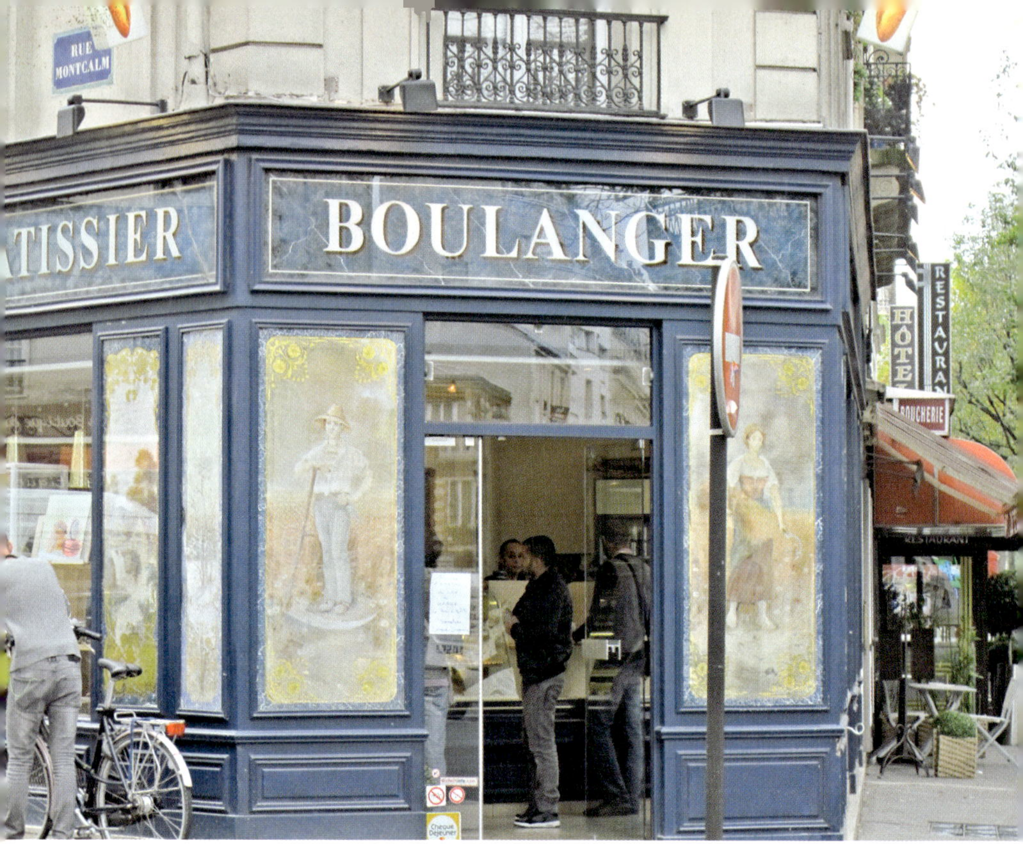
RUE MONTCALM
TISSIER
BOULANGER
BOUCHERIE

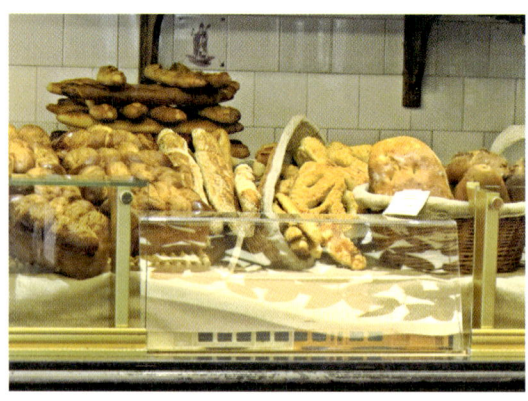

파리는 도심 한복판이든, 한적한 주택가든, 거짓말을 조금 보태면 50미터 간격으로 빵집 Boulangerie이 있다. 많은 빵집 중에서 겉으로 보기에 가장 파리의 분위기가 물씬 풍기는 곳으로 들어갔다. 구수한 빵 냄새에 마음이 푸근해진다. 가게 안에는 빵을 사려고 줄을 선 사람들로 가득하다. 유리 진열장 안에는 다양한 색을 담은 바게트 샌드위치와 먹기 아까울 만큼 예쁜 조각 케이크, 타르트 Tarte가 늘어서 있고, 그 옆으로는 각각 다른 이름표를 단 동그랗고 네모난 모양의 크고 작은 빵들과 프랑스 하면 빠질 수 없는 크루아상 Croissant이 도란도란 쌓여 있다. 그리고 안쪽 벽면에 진열되어 있는 기다란 바게트! 바게트는 다 똑같은 모양인 줄 알았는데 양끝이 유난히 뾰족한 것, 조금 더 통통한 것, 더 길고 가는 것, 표면에 작고 검은 열매가 잔뜩 묻어 있는 것, 바게트 표면의 칼집이 사선으로 여러 개인 것과 세로로 길게 한 줄인 것, 노릇한 색깔을 띤 것, 진한 갈색을 띤 것 등 한두 가지가 아니다. 이렇게 많은 종류가 있으면 프랑스어가 원활하지 않은 외국인의 입장에서는 다소 불편하다. 소심한 난, 결국 이렇게 말했다.

"크루아상 하나 주세요 Un croissant, s'il vous plaît."

바게트를 사러 갔다가 크루아상을 들고 나오자니 머쓱했다. '로마에서 살면서 아침에는 단 것을 먹어 버릇했으니 잘됐다'고 나름대로 합리화를 해보지만 아무래도 조금 속상하다.

집에 돌아와서 직접 만든 카페오레Café au lait와 크루아상으로 파리에서의 첫 아침 식사를 시작했다. 씹는 순간 바삭, 소리를 내는 크루아상이 깜짝 놀랄 만큼 맛있다. '역시! 차원이 다른 맛이군!' 로마에서 함께 공부했던 프랑스 친구들이 로마의 코르네토Cornetto (크루아상의 이탈리아어)가 맛없다고 한 이유를 알 것 같다. 사실 크루아상의 본토는 프랑스가 아닌 오스트리아의 빈Wien으로, 루이 16세Louis XVI의 왕후 마리 앙투아네트Marie Antoinette가 프랑스로 시집오면서 널리 퍼졌다고 한다.

유럽 최고의 권력을 지녔던 오스트리아 합스부르크 왕가Habsburg Haus는 뭐든지 그 분야의 최고 장인이 만든 것이 아니면 취급을 안 했다고 하는데, 빵의 경우 당시 최고로 평가받던 덴마크 출신의 빵 장인이 담당했다고 한다. 14세의 어린 나이에 타국으로 시집가는 딸을 위해, 그녀의 대단한 친정에서 그 덴마크 출신의 빵 장인을 동행시켰다고 하니 아마도 프랑스의 크루아상이 맛있는 이유는 왕가의 빵 장인의 레시피를 전수받은 덕이 아닐까? 파리 한 모퉁이 빵집의 고소하고 달콤한 크루아상을 먹으며, 마리 앙투아네트라도 된 듯 행복하고 말았다.

기분 좋게 아침을 해결하고 가벼운 마음으로 오후 외출에 나섰다. 지난 짧은 여행에서 미처 보지 못한 파리 시내의 뒷골목을 거닐며 단아한 프랑스풍 건물을 감상했다. 로마의 건축물이 웅장하고 고풍스런 남성미를 지녔다면, 파리의 건축물은 섬세하고 우아한 여성미가 느껴진다. 어느새 눈앞에 또 비슷한 무언가가 보이기 시작했다.

바게트다! 점심도 저녁도 아닌 어중간한 시간에 사람들이 바게트를 뜯어먹고 있다. 거리에서 음식을 먹는 모습이 우리와 비슷하다. 로마에서 공부를 할 때 로마 사람들은 젤라토를 제외한 어떤 음식도 들고 다니면서 먹는 것을

본 적이 없다. 어린 시절 머물렀던 도쿄도 마찬가지였다. 시부야나 하라주쿠 근처를 제외하면 거리에서 음식을 먹으며 걷는 도쿄 사람들은 거의 없다. 핫도그, 떡꼬치는 아니지만 파리지앵이 길거리에서 음식을 먹는 모습을 보니 괜히 반갑다. 그렇다면 나도 눈치 볼 것 없이 거리에서 바게트를 먹어볼까?

그 길로 거리에 넘쳐나는 빵집 중 아무 데나 들어갔다. 이번에는 이것저것 따지지 않고 불쑥 "바게트 하나 주세요 Une baguette, s'il vous plaît"라고 말했다. 그러자 이것저것 묻지도 않고 기다란 바게트 하나를 누런 종이봉투에 넣어준다. 이렇게 간단한 것을! 살짝만 건드려도 사그락사그락 소리를 내는 누런 종이봉투에 담은 바게트를 들고 나오면서 끝 부분을 손으로 뜯어 입에 넣었다. 사각, 소리를 내며 씹히는 바게트의 첫맛은 바삭 짭짤하고 그 다음 따라오는 맛은 말랑 구수하다. 서울에서도 도쿄에서도 로마에서도 먹어보지 못한 바게트 본토의 맛이 바로 이것이다! 파리지앵이 거리에서 바게트를 먹는 데는 다 이런 이유가 있었다. 이렇게 맛있는 바게트가 손에 있는데, 누가 그 구수한 유혹을 참을 수 있을까? 게다가 아무런 도구 없이 손으로 뜯어 먹기에 딱 좋은 모양이라 더 그럴 것이다.

배가 고프지도 않은데, 멈추지 않고 부지런히 바게트를 뜯어 입 안으로 밀어 넣었다. 기다란 바게트를 반쯤 먹고 나서야 손을 멈추었다. 먹을 만큼 먹기도 했지만, 조금 전까지 맑았던 하늘이 갑자기 어두워지며 비를 뿌리기 시작했기 때문이다. 남은 바게트가 젖을세라 종이봉투로 완전히 감싼 후 배낭 안에 넣었다. 주변을 두리번거리며 우산 파는 곳을 찾았다. 로마에는 비가 오면 거리에 우산을 파는 동남아시아계 사람들이 많았다. 분명 파리에도 있을 거라 생각했는데 눈을 씻고 찾아봐도 우산을 파는 사람이 없다. 그리고 보니 우산을 쓰고 다니는 사람도 없다. 하루에도 몇 번씩 비가 오락가락하니 우산을 가지고 다니면서 매번 접었다 폈다 하는 일도 번거로운 모양이다.

파리 거리에 바게트를 먹는 사람이 많은 건 바게트가 아주 맛있기 때문이고, 파리 거리에 우산을 파는 사람들이 없는 이유는 파리지앵에게 비는 생활이기 때문이다. 아직 파리에 익숙하지 않은 난, 한 가게의 천막 아래에서 비를 피하며 지나는 사람들을 구경했다. 문득 오늘 저녁 스케줄이 떠올랐다. 에드워드의 어머니가 저녁 식사에 초대한 것이다. 빈손으로 갈 수는 없고 꽃을 사는 게 나을지 와인을 사는 게 나을지 고민하다 에드워드에게 전화를 했다.
"글쎄, 찬! 엄마가 저녁 때 먹을 바게트 사 오라고 했어. 바게트 하나 사 와. 그거면 돼. 이따가 보자!"
1유로밖에 안 되는 바게트 하나를 달랑 사 오라고? 도움이 안 되는 충고 같으니. 마음대로 꽃을 준비하기로 했다.

트로카데로Trocadéro 역 앞으로 7시까지 가면 되지만, 아직 파리 지리도 잘 모르고 16개의 노선이 있는 파리 지하철에도 익숙하지 않으니 실수하지 않도록 미리 가서 꽃도 사고 바게트도 사기 위해 바로 출발했다. 트로카데로 역 근처에는 파리의 상징인 에펠탑Tour Eiffel이 있어서 시간을 보내기에는 그 이상의 장소도 없다.
깨끗한 파리의 거리와는 대조적으로 냄새 나는 지하철 역을 빠져나오자, 눈앞에 회색빛 하늘을 배경으로 거대한 에펠탑이 보인다. 관광객으로 넘쳐나는 트로카데로 인권광장Le parvis des droits de l'homme (파리지앵은 광장의 옛 이름인 트로카데로 광장Esplanade du Trocadéro이라고 부른다)으로 달려가 에펠탑을 구경하며 이리저리 근처를 맴돌다 보니, 벌써 6시 30분이다! 이러다 사 오라는 바게트도 못 살 수 있겠다 싶어 부랴부랴 빵집을 찾았다. 파리에는 빵집만큼 꽃집도 많은데 우선 꽃집이 먼저 눈에 들어와 꽃부터 한 다발 샀다. 그리고 꽃집에서 멀지 않은 곳에 분명히 있을 빵집을 찾았다. 아니나 다를까, 엎어지면 코 닿을 곳에 빵집이 있다.

'아니, 이 사람들 아침에 분명히 바게트를 샀을 텐데, 저녁에도 뭐 이리 사람이 많아?' 줄을 서 있으면 약속시간에 늦게 생겼다. 다른 빵집을 찾아볼까 하다가 다른 곳도 상황이 다르지 않을 것 같아 순서를 기다렸다. 맨 앞에 선 아주머니가 바게트를 3개나 산다. 그 뒤 젊은 여자는 2개, 그 뒤의 남자는 4개, 다음은 5개, 내 앞에 서 있던 여자는 8개를 산다! 그러고 보니 오늘은 금요일이다. 아마도 주말에 먹을 바게트를 미리 사 놓는 듯하다. 그렇다면 나도? 트르와Trois(숫자 3을 뜻하는 프랑스어)라는 프랑스어 발음이 마음에 들어 바게트 3개를 사 가지고 나왔다. 이곳에 온 지 하루 만에 파리지엔느라도 된 듯 기분이 좋다. 약속 장소로 향하는 길, 멈췄던 비가 다시 내리기 시작한다. 빗줄기가 제법 굵다.

바게트가 다 젖겠다! 잰걸음으로 트로카데로 역으로 부지런히 걸었다. 사람들의 발걸음도 나와 비슷하고, 그들의 한쪽 팔에도 나처럼 바게트가 여러 개 들려 있다.

비 오는 파리의 거리, 파리지앵은 기다란 우산은 없어도 기다란 바게트는 꼭 들고 다닌다.

바게트의 탄생

바게트Baguette는 '막대기, 지팡이'라는 의미의 프랑스어다. 모양이 막대기처럼 길고 가늘어서 바게트라는 이름을 가지게 되었다고 한다. 바게트는 왜 이런 모양이 되었을까?

바게트의 유래에 대해서는 여러 가지 설이 있는데, 우선 첫 번째는 나폴레옹 전쟁Guerres napoléoniennes, 1803~1815 때 생겼다는 주장이다. 매일 빵을 구울 수 없었던 시절에는 오랜 시간 빵을 저장하기 위해 커다랗고 둥근 모양으로 만들었다. 그런데 나폴레옹 전쟁 당시, 나폴레옹은 군인들이 쉽게 가지고 다니며 먹을 수 있는 빵을 만들라고 지시했고, 지금의 기다란 바게트를 만들기 시작했다는 것이다. 이야기에 따르면 당시 군복 바지 옆의 주머니에 끼고 다닐 수 있도록 기다랗게 만들어진 것이라고 하는데, 전해지는 이야기일 뿐 현실적으로 불가능하다는 의견이 더 많다. 길고 딱딱한 바게트를 바지 주머니에 넣고 다니면 군인들의 행군에 방해가 됐을 게 뻔하기 때문이다.

두 번째 설은 다음과 같다. 원래 프랑스에서 생산되는 밀가루는 토양과 기후 관계로 글루텐이 부족했다. 그래서 프랑스의 빵은 다른 나라의 빵보다 외피가 더 딱딱하고 점성이 없어 속살도 퍼석했는데, 스팀 오븐이 사용되기 시작한 19세기 중반에 파리에서 일하던 오스트리아 대사관 직원이 당시 파리의 질 나쁜 빵에 질려, 헝가리산 밀가루를 공수해서 알고 지내던 파리의 빵집 주인에게 질 좋은 빵을 만들어 달라고 부탁했다고 한다. 이렇게 해서 만들어진 것이 바로 비엔누아 빵Pain viennois으로, 당시 하얗고 질 좋은 빵을 처음으로 맛본 파리지앵 사이에서 엄청난 인기를 끌었다고 한다. 비엔누아 빵의 특징은 막대기 형태에 촘촘하게 사선으로 칼집을 넣은 것인데, 이것이 바로 바게트의 원조라는 이야기다. 게다가 1920년 10월 프랑스에서는 빵집은 새벽 4

시 이전에는 일을 하면 안 된다는 이상한 법이 생겼는데 크고 동그란 전통빵은 새벽 4시 이후에 만들기 시작하면 아침에 빵을 사러 오는 손님에게 도저히 빵을 제공할 수 없었다. 그래서 비엔누아 빵보다 더 길고 가는 모양으로 만들어서 반죽을 금방 구워낼 수 있게 한 것이 지금의 바게트가 탄생하게 된 계기라는 이야기로 가장 설득력 있는 설이다.

  세 번째 유래는 19세기 말로 거슬러 올라간다. 파리의 지하철 건설 공사를 진행하던 당시, 지하철 구조 현장 감독을 맡고 있던 풀강스 비앙베뉴Fulgence Bienvenüe는 서로 다른 지역 출신의 노동자 사이의 잦은 싸움으로 골머리를 앓았다고 한다. 당시의 노동자들은 다들 칼을 가지고 다녔는데 점심으로 싸온 크고 둥근 빵을 칼로 잘라야 했기 때문이다. 하지만 이 칼은 노동자 간의 싸움이 격해지면 무기로도 변할 수 있어 위험했다. 그래서 그는 칼 없이도 쉽게 자를 수 있는 빵을 만들어 달라고 빵집에 부탁했고, 그렇게 해서 손으로도 쉽게 뜯어 먹을 수 있는 바게트가 탄생했다는 것이다.

파리 여행 정보 1

맛있는 파리의 빵집

파리지앵은 맛있는 빵집을 일부러 찾아다니지 않는다. 우리가 밥을 먹듯 매일 빵을 먹는 프랑스 사람들이 맛있기로 소문난 빵집만 고집하는 건 힘든 일이다. 파리의 거의 모든 빵집들이 맛있는 빵을 팔기 때문에 굳이 찾아다니지 않아도 맛있는 빵을 먹을 수 있다. 하지만 파리지앵도 맛있기로 소문난 빵집 앞을 지나면 놓치지 않고 빵을 산다. 여기서는 파리지앵이 일부러 찾지는 않더라도 그 앞을 지나면 반드시 빵을 사는, 바게트는 물론 매일 아침 맛있는 빵을 직접 구워서 파는 빵집을 소개한다. 참고로 바게트의 가격은 80센트~1유로 20센트 선이다.

에릭 카이저 Eric Kayser

서울을 비롯해 도쿄, 타이베이, 두바이, 모스크바, 리스본, 아테네 등 전 세계에 69개의 체인점을 가지고 있는 국제적인 빵집으로 파리에는 16개의 체인점이 있다. 대형 체인점에 대한 편견을 떨쳐버릴 만큼 빵맛이 좋다. 그중 역시 바게트가 가장 인기가 많다. 하지만 비스킷이나 케이크는 평범한 편이다.

주소	10, rue de l'Ancienne Comédie, 75006 Paris (오데옹 점)
교통	4호선 오데옹(Odéon) 역
전화번호	+33 01 43 25 71 60
영업시간	7:00~20:30　휴무　일요일
홈페이지	www.erickayser.com

장피에르 코이에 Jean-Pierre Cohier

2006년 파리 최고의 바게트로 선정되어 프랑스 대통령 궁전(Palais de l'Elysée, 엘리제 궁전)에 바게트를 납품했던 곳으로, 이곳의 바게트는 그 길이가 무려 75센티미터나 된다. 일반적인 바게트보다 가벼운 느낌으로 질기지 않고 더욱 바삭하다.

- **주소** 270, rue du Faubourg Saint-Honoré, 75008 Paris
- **교통** 2호선 테르네(Ternes) 역
- **전화번호** +33 01 42 24 45 26
- **영업시간** 월요일~금요일 7:30~20:00/토요일 7:00~19:00　**휴무** 일요일

불랑주리 세바스티앙 모비외 Boulangerie Sébastien Mauvieux

168대 1의 경쟁률을 뚫고, 2012년 5월부터 1년간 엘리제 궁전에 바게트를 납품한 곳이다. 엘리제 궁전은 1년간 바게트 값으로 4,000유로를 지불했다고 한다. 이곳의 바게트는 두말할 필요 없는, 엘리제 궁전이 인정한, 프랑스를 대표할 만한 맛이다.

- **주소** 159, rue Ordener, 75018 Paris
- **교통** 12호선 쥘 조프랭(Jules Joffrin) 역
- **전화번호** +33 01 42 62 76 70
- **영업시간** 7:00~20:00   **휴무** 일요일

르 카르티에 뒤 팽 Le Quartier du Pain

파리 제14, 15, 17구에 4개의 체인점이 있고, 파리 근교의 불로뉴(Boulogne)에도 체인점을 운영 중이다. 반죽이 차져서 꼭꼭 씹어 먹어야 하는 이곳의 바게트는 씹을수록 감칠맛이 돈다.

주소	116, rue de Tocqueville, 75017 Paris (와그램 점)
교통	3호선 와그램(Wagram) 역
전화번호	+33 01 47 63 16 28
영업시간	월요일~금요일 7:00~20:00 / 토요일 7:30~19:30
휴무	일요일
홈페이지	www.lequartierdupain.com

르 물랭 드 라 비에르주 Le Moulin de la Vierge

바게트가 맛있기로 소문난 빵집으로, 파리 제7, 14, 15, 17구에 4개의 체인점을 운영하고있다. 바게트는 보통 2~3일 정도 지나면 돌멩이처럼 딱딱해지는데 이곳의 바게트는 말랑한 상태를 유지한다. 다른 빵집과 차별화되는 쫀득한 질감의 구수한 바게트의 풍미를 느껴보길 바란다.

주소	64, rue St Dominique, 75007 Paris (생 도미니크 거리 점)
교통	8호선 라 투르-모부르(La Tour-Maubourg) 역
전화번호	+33 01 47 05 98 50
영업시간	7:30~20:30 휴무 화요일

푸알란 Poilâne

파리 제3, 6, 15구에 체인점을 운영하고 있는 빵집으로, 런던에도 2개의 체인점이 있다. 이 빵집은 특이하게 바게트를 판매하지 않고 빵의 종류도 많지 않다. 이곳은 전통기법으로 자연 숙성시킨 반죽을 써서 다소 씁쓸하고 시큼한 맛의 빵을 만든다. 몸에 좋은 맛이라는 표현이 가장 잘 어울릴 듯하다. 프랑스 사람들 사이에서는 '옛날 시골의 빵맛'을 내는 곳으로 유명하다. 사장의 동생은 이곳의 빵을 보다 상업적으로 판매, 프랑스 내의 대형 슈퍼마켓에 납품하고 있다. 개인적으로는 사과 타르트(Tarte de pomme)를 추천하는데, 파리에 왔다면 꼭 먹어야 할 것 중 하나라고 자신 있게 말할 수 있을 정도로 맛있다.

주소	8, rue du Cherche-Midi, 75006 Paris (생제르멩데프레 점)
교통	4호선 생쉴피스(Saint-Sulpice) 역
전화번호	+33 01 45 48 42 59
영업시간	7:15~20:15 휴무 일요일
홈페이지	www.poilane.com

파리의 자전거, 벨리브를 타고

À la Parisienne

한 소년이 발목에 깁스를 하고 버스를 기다린다. '파리에는 왜 이렇게 다친 사람이 많은 거지?' 세계 여러 도시를 여행했고, 그중 몇 군데에서는 몇 년씩 살아보기도 했지만 거리에 이렇게 빈번히 다친 사람들이 보이는 곳은 파리가 처음이다. 파리 거리에는 부상자가 수두룩하다. 부상 부위는 주로 발목 언저리와 팔뚝, 부상자의 연령은 10대 후반이 가장 많고, 20대, 30대순으로 이어진다. 그들은 주로 목발을 짚고 다니는데 심한 경우는 휠체어까지 동원해 다닌다.

내가 그들을 장애인이라고 표현하지 않고, 부상자라고 말할 수 있는 결정적인 이유는 그들 모두가 깁스를 하고 있기 때문이다. 분명 뼈에 금이 가거나 부러진 게 틀림없다. 우리가 김치를 먹듯이 치즈를 먹는 프랑스 사람들이라면 뼈가 부실할 것 같지는 않은데, 대체 왜 파리에는 다친 사람들이 이렇게 많은 것일까?

소년을 보자 궁금증이 더 커진다. 소년은 발목 외에 얼굴에도 찰과상을 입었다. 왜 다쳤는지 물어보고 싶지만 프랑스어나 영어를 못해서가 아니라, 물어볼 짬이 없다. 소년이 탈 버스가 도착한 모양이다. 벤치 옆에 놓아두었던 목

발을 짚고 일어나 버스로 오른다. 특별한 목적 없이 나온 나는 무의식적으로 소년을 따라 버스에 올라탔다.

파리지앵은 버스나 지하철에서 아무 말이 없다. 다만 버스 안에서는 주로 핸드폰을 들여다보고, 지하철이나 파리 근교까지 운행되는 기차RER에서는 신문이나 책을 읽는 것이 다르다. 어김없이 조용한 버스 안, 창밖으로 보이는 파리의 풍경을 감상하는 것만으로 기분이 좋아진다. 화창한 하늘 아래 파리의 화려한 건축물에 마음이 팔려, 소년이 왜 다쳤는지 더 이상 궁금하지 않았다. 버스가 커브를 돌아 언덕을 올랐다. 언덕길이 마음에 들어 버스에서 내렸다.

경사진 길 입구에 벨리브Vélib' 자전거가 눈에 들어왔다. 며칠 전 마련한 충전식 교통카드 나비고 패스Passe Navigo에 에드워드가 벨리브를 일 년간 이용할 수 있도록 해놓았다고 했다. 이곳에 오기 전부터 파리 시내를 자전거로 누비고 싶다고 생각하던 참이었다.

'당장 타보자!' 버스로 올라온 언덕길을 뛰어내려와 자전거 옆으로 갔다. 에드워드가 일러준 대로 자전거의 페달과 핸들, 브레이크 등을 꼼꼼히 살폈다. 워낙 많은 사람이 이용하는 벨리브인지라, 고장 난 자전거가 많기 때문이다. 다행히 남아 있는 자전거들은 다들 멀쩡했다. 그중에 안장이 제일 낮은 놈으로 골랐다. 게으르기도 하지만 보기보다 체력이 약한 편이라 가끔은 자전거 안장 위치를 조절하는 사소한 일에도 에너지가 바닥이 나기 때문이다.

자전거 옆에 있는 보라색 센서에 나비고 패스를 댄 후, 얼른 자전거를 뒤로 당겼다. 생각보다 자전거가 묵직하다. 아니, 상당히 무겁다. 자전거의 무게감에 조금 겁이 났지만 일단 안장에 올라가 페달을 밟았다. 막상 타니 자전거의 무게 따위는 중요치 않았다. '아, 드디어 파리에서 꼭 해보고 싶었던 벨

리브 타기 첫 도전이다!'

신 나게 속도를 내고 달리기 시작한 지 채 1분이나 지났을까? 보기보다 근육이 상당히 부족한 내 굵은 다리로는 이 정도 경사도 무리였다. 자전거에서 내려와 무거운 자전거를 끌고 낑낑거리며 경사를 오르기 시작했다. 단순한 성격 덕인지 파리에서 타는 자전거라는 허영심 때문인지 모르겠지만 자전거를 끌고 가는 것만으로도 그저 유쾌하다. 마침 햇살 사이로 뿌리기 시작한 가는 빗줄기가 파리의 낭만을 부추겨 이곳에 온 지 얼마 되지 않는 나를 진정한 파리지엔느로 만들어주는 듯한 기분이 들었다.

잠시 후, 오르막길이 있다면 반드시 내리막길이 있는 법! 내리막길이라면 부족한 근육을 나무랄 필요가 없다. 얼른 자전거 안장에 올라 중심을 잡고 속도를 즐긴다. "우와!" 벨리브를 타고 달리는 파리 한 모퉁이의 내리막길은 대학 입학식을 마치고 돌아오던 길만큼이나 푸르디푸르다.

"끼익! 꽈당!"

내리막길 끝의 커브에서 갑작스럽게 속도를 줄인 탓에 무거운 자전거는 바닥으로 내팽개쳐지고, 나는 어느새 축축한 길바닥 위에 모로 뻗었다. 나도 모르게 주위에 누가 있는지부터 살폈다. 다행히 아무도 없는 한갓진 곳에서의 '나 홀로 자전거 사고'다. 아무 일 없다는 듯, 냉큼 일어나 자전거를 일으켜 세웠다. 다행히 자전거는 멀쩡했다. 그 와중에도 비가 오니 바닥에 뒹굴면서 젖은 옷은 표 나지 않을 거란 생각에 알량한 안도감이 들었다. 다시 자전거에 탔다.

"아, 아야." 괜찮은 줄 알았는데 발목이 시큰거려 페달을 못 돌리겠다. 넘어지면서 발목이 접질린 모양이다. 손바닥도 아파서 보니 시뻘겋다. 비에 젖어 축축한 것인 줄 알았는데, 손바닥 피부가 까져서 피가 흐르고 있다. 더 이상 자전거를 타는 건 무리일 듯하다.

흐르는 피를 휴지로 꾹꾹 눌러 닦고 다리를 절뚝이며 자전거를 반납할 벨리브 대여소를 찾았다. 불행 중 다행으로 멀지 않은 곳에 대여소가 있고 사람들도 보인다. 피를 흘리는 모습을 다른 사람들이 눈치채지 않도록 조심해서 자전거를 센서 옆에 끼워 넣었다. 손바닥이 아무리 아파도 자전거 옆 센서의 붉은 불이 파란색으로 바뀌는지 확인하는 것은 잊지 않았다. 만약 자전거를 대충 넣어서 반납 처리가 안 되면, 나중에 엄청난 돈을 물어야 하기 때문이다.

자전거를 두고 돌아서는데 휴대전화가 울린다. 에드워드다.
"어디야? 지금 뭐해? 나 지금 수업 끝났어."
"어, 여기가 어딘지는 잘 모르겠고. 나 자전거 타다가 조금 다쳐서 그냥 집에 가려고."
"뭐? 다쳤다고? 거기 거리 이름이 뭐야? 거기서 꼼짝 말고 기다려!"
에드워드를 기다리는 동안, 비도 오는데 길에 우두커니 서 있기가 멋쩍기도 하고 손바닥이 쓰라리기도 해서 약국을 찾아 들어갔다. 말이 안 통하니 무조건 손바닥을 보여주었다. 약사는 넓적한 밴드 한 상자를 건네며 소독약이 묻어 있는 밴드니 그냥 붙이기만 하면 되고, 하루에 한 장만 붙이면 충분하다고 한다. 나는 이탈리아어를 할 수 있어서 같은 라틴어권인 프랑스어를 하지는 못해도, 대충 알아듣는다. 약국에서 밴드 한 장을 꺼내 붙였다. 하루에 한 장만 붙이면 되어서 다행이었다. 혹시 내가 사기를 당하고 있는 게 아닌가 싶을 정도로 밴드 값이 비쌌기 때문이다.

약국에서 나와 약속 장소로 갔다. 잠시 후, 멀리서 한 남자가 벨리브를 미친 듯이 몰고 오는 게 보인다. 에드워드다. 에드워드는 내 발목을 살펴보더니 곧바로 자기가 알고 있는 의사에게 가자고 했다. 내일이면 괜찮아질 것 같았지만, 그냥 못 이기는 척 끌려갔다.

  다음 날 아침, 침대에서 내려와 바닥을 디디자 발목이 시큰하다. 어제 의사가 처방한 하얀 연고를 듬뿍 바르고 두툼한 발목 보호대를 찬 후, 아침을 먹고 외출 준비를 했다. 아직 발목이 아프긴 하지만, 하루 종일 집에서 뒹굴기에는 상태가 너무 멀쩡하다.

  하루 만에 이렇게 상태가 좋아지다니! 금으로 만들었나 싶을 정도로 비싼 밴드는 실은 비싼 게 아니었다. 외출 준비를 대충 마치고, 어제 밤 에드워드가 어디선가 구해 온 목발을 짚고 버스 정류장으로 향했다. 어제 보았던 발목 깁스 소년이 오늘도 버스 정류장 벤치에 앉아 있다. 찰과상은 전혀 나아지지 않았다. 내가 산 비싼 밴드를 알려주고 싶었지만 참았다. 이내 소년이 탈 버스가 도착했고, 소년은 목발을 짚고 버스에 올라탔다. 난 소년이 앉았던 곳에 목발을 내려놓고, 다친 다리를 뻗고 앉았다. 발목을 감싼 과장스러운 발목 보호대와 목발이 깁스 소년의 뒷모습과 겹쳐진다. 이제야 파리에는 왜 깁스를 한 사람이 많은지 궁금증이 조금 풀린 듯하다. 발목을 다쳤다는 사실이 어이없지만 왠지 즐겁기도 하다.

벨리브의 이모저모!

디자인 강국, 프랑스! 벨리브 자전거는 누가 디자인했을까?

세련된 파리의 이미지와 잘 어울리는 벨리브 자전거는 세계적으로 유명한 제품 디자이너인 패트릭 주앙Patrick Jouin의 작품이다. 차분한 회색을 기본으로 은색 바구니를 단 벨리브 자전거는 벨리브 대여소와 파리 시내의 무인 화장실, 정보 게시판 등과 통일감 있게 디자인되어 파리지앵에게 호평을 받고 있다.

고장 난 벨리브 자전거는 누가 고칠까?

고장 나거나 훼손된 자전거의 수리와 보수는 파리 시가 아닌, 프랑스의 광고 대리점인 지세데코JCDecaux 사에서 맡아서 한다. 이 수고를 한 사설 기업이 도맡아 하는 데는 이유가 있는데, 벨리브 도입 당시 자전거 설치 및 운영, 유지 경비를 지세데코 사가 지불하는 대가로 파리 시내의 버스 정류장에 광고 패널을 설치할 수 있는 우선적 권리를 주었기 때문이다. 그런데 몇 년 후, 파리의 벨리브가 타 지역의 자전거보다 파손이나 도난이 심하다는 걸 알게 된 지세데코 사는 급하게 대책을 마련했고, 2009년부터 파손, 도난의 수가 일정 대수를 넘을 경우에는 파리 시에서 1대당 400유로를 지불하는 방식으로 계약을 개정했다고 한다.

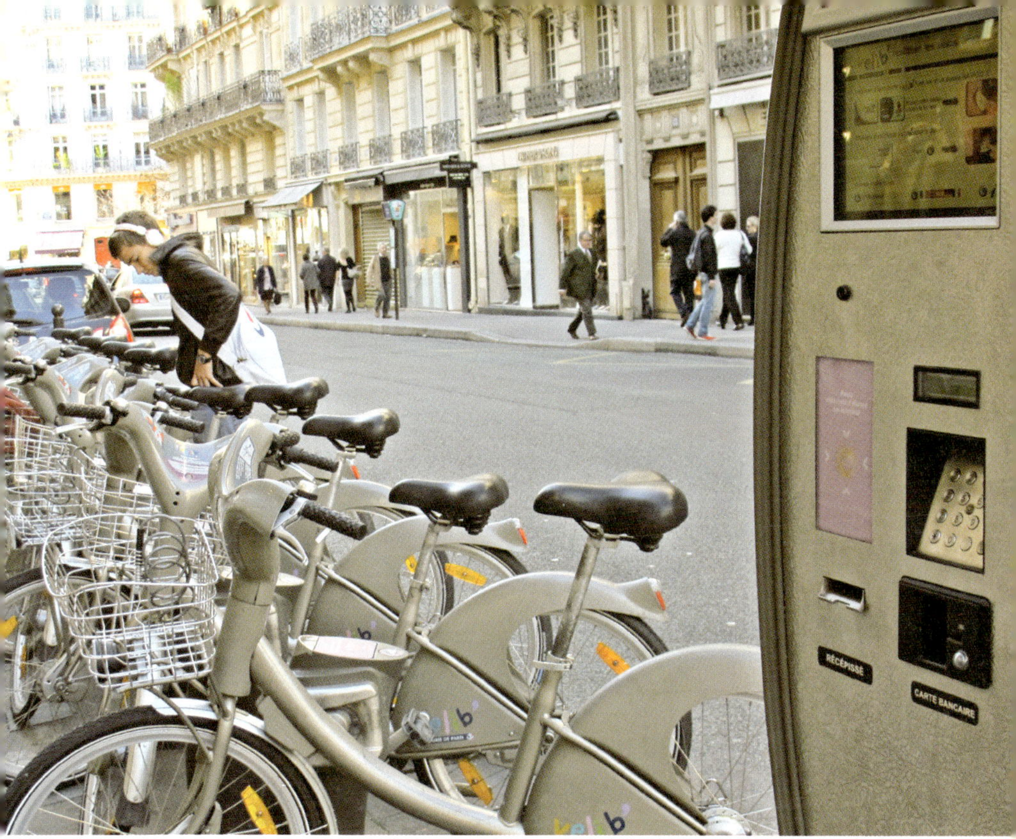
RÉCÉPISSÉ
CARTE BANCAIRE

velib'
MAIRIE DE PARIS
JCDecaux
Cyclocity

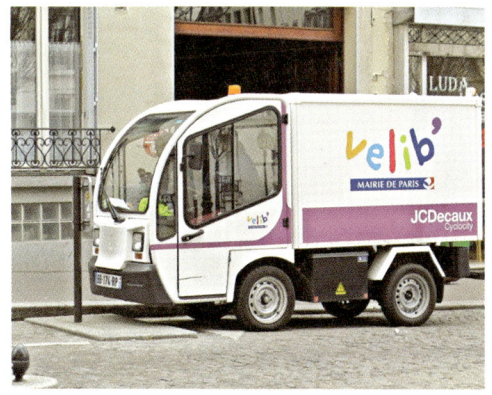

벨리브 자전거가 고장 나는 이유는?

세련된 디자인의 벨리브 자전거는 아주 튼튼하게 설계되었다. 그래서 웬만해서는 고장이 나지 않지만, 실상 각 대여소에서는 고장 난 자전거를 흔하게 볼 수 있다. 과연 누가 고장을 내는 걸까?

우선 도입 당시부터 많은 시민들의 사랑을 받고 있는 터라, 이용자가 너무 많다는 것이 이유 중 하나이다. 아무리 튼튼해도 쉬지 않고 달리면 탈이 날 만도 하다. 그중에는 나처럼 운전 미숙으로 자전거를 내팽개치는 사용자도 분명 있을 게다. 이 정도는 사용자의 본의와 관계없이 자전거가 훼손되는 것이니 파리 시나 지세데코 사에서 문제 삼지 않는다. 그들이 문제라고 생각하는 것은 도구를 사용해서 작정하고 자전거를 훼손하거나 계획적으로 훔치는 경우이다. 이렇게 마음먹고 벨리브 자전거를 공격하는 사람들은 주로 프랑스 사회와 파리 시에 많은 불만을 품고 있는 이들이라고 한다.

한강을 기준으로 강남과 강북의 소득 차이가 있는 서울처럼, 파리 또한 센 강을 기준으로 서남쪽은 부촌이고 동북쪽은 빈촌에 해당한다. 벨리브 자전거를 훼손하는 사람들은 파리 서남쪽에 벨리브 대여소가 더 많다는 등의 이유를 내세우며 빈부 차별을 한다고 벨리브 자전거를 공격한다. 하지만 파리 서남쪽에 벨리브 대여소가 더 많이 설치되어 있다는 건 사실 무근이다. 벨리브는 파리 시민들의 많은 사랑을 받고 있지만 한편으로는 파리 시의 골칫거리기도 하다.

파리 여행 정보 2

파리의 자전거, 벨리브

벨리브 [Vélib' = Vélo(자전거) + Liberté(자유)]

파리 시는 교통 체증과 도심 공해를 줄이기 위해 지난 2007년 7월부터 '벨리브'라는 무인 자전거 대여 시스템을 운영하고 있다. 프랑스 제2의 도시 리옹Lyon에서 2005년 5월부터 운영된 무인 자전거 대여 시스템 '벨로브[Vélo'v = Vélo(자전거) + Love(사랑)]'의 성공적인 정착을 보고 도입한 것이 바로 벨리브이다. 750개의 대여소에서 10,000대의 자전거로 대여를 시작했는데 도입 당시부터 파리지앵의 폭발적인 호응을 받아 현재는 1,500개의 대여소에서 20,000여 대의 자전거를 대여 중이다. 즉, 파리 시내 중심에는 반경 300미터 안에 대여소가 하나씩 있는 셈이다. 현재 프랑스는 리옹과 파리뿐만 아니라, 많은 도시에서 이와 같은 무인 자전거 대여 시스템을 운영하고 있다.

참고로 파리 시는 벨리브의 성공적인 정착에 따라 2011년 12월부터 무인 자동차 대여 시스템인 '오토리브[Autolib' = Automobile(자동차) + Liberté(자유)]'를 도입, 운영하고 있다.

벨리브 홈페이지
www.velib.paris.fr(영어, 스페인어 지원)
오토리브 홈페이지
www.autolib.fr

벨리브 이용 방법 및 요금제도

- 벨리브 회원 가입은 필수

벨리브 자전거를 이용하기 위해서는 일단 회원 가입을 해야 한다. 회원은 1일, 7일 단기 회원과 1년 장기 회원으로 구분된다. 회원 가입은 벨리브의 홈페이지 또는 벨리브 대여소(Station Vélib')에 설치되어 있는 보른(Borne)이라는 단말기에서 가능하다(프랑스어, 영어, 스페인어, 독일어, 이탈리아어 및 단말기에 따라 일본어까지 지원). 회원 가입을 위해서는 150유로를 보증금 명목으로 인출을 허가해야 한다. 신용카드를 사용할 경우 보증금 150유로는 잠시 승인만 될 뿐, 기간 내에 자전거를 이상 없이 반납하면 승인이 취소되므로 실제적으로 빠져나가는 돈은 아니다. 만약 통장에서 돈이 빠져나가는 체크카드일 경우, 일단 150유로가 결제되었다가 자전거가 이상 없이 반납되었을 경우 환불된다. 단, 이 경우 환불을 받는 데는 다소 시간이 걸린다. 회원 가입을 마치고 나면 개인이 원하는 대로 '단기 티켓' 또는 '연간 패스'를 구입할 수 있다. 이 또한 보른 또는 벨리브 홈페이지를 이용하면 된다.

- 단기 티켓 및 연간 패스의 종류와 가격

단기 티켓 Les tickets courte duree

* 1일 사용권(Ticket 1 jour)
 24시간 동안 벨리브 자전거를 사용할 수 있는 티켓. 이용 횟수에 제한은 없지만, 매회 30분을 초과해 연속 사용하면 할증료가 적용된다.
 가격 1.70 €
* 일주일 사용권(Ticket 7 jours)
 일주일 동안 벨리브 자전거를 사용할 수 있는 티켓. 이용 횟수에 제한은 없지만, 매회 30분을 초과해 연속 사용하면 할증료가 적용된다.
 가격 8 €

연간 패스 Les abonnements annuels

* 벨리브 클라식(Vélib' Classique)
 일 년 동안 벨리브의 자전거를 사용할 수 있는 패스. 이용 횟수에 제한은 없지만, 매회 30분을 초과해서 연속 사용하면 할증료가 적용된다.
 가격 29 €
* 벨리브 파시옹(Vélib' Passion)
 일 년 동안 벨리브의 자전거를 사용할 수 있는 티켓. 이용 횟수에 제한은 없지만, 매회 45분을 초과

해 연속 사용하면 할증료가 적용된다.
가격 39 €
* 그 외에 학생 할인 혜택(만 14세~ 만 26세)이 적용되는 여러 종류의 연간 패스도 있다. 할인 패스는 벨리브 홈페이지에서 알아볼 수 있다.

주의 사항

신용카드로 벨리브 티켓 및 패스를 구입할 때는 IC칩이 내장된 카드만 사용 가능하며, 카드 회사도 비자, 마스터, JCB, Amex 등으로 한정되어 있다. 또 프랑스의 경우, 신용카드 결제 시 사인이 아닌 비밀번호 4자리를 입력해야 하므로 신용카드의 비밀번호를 반드시 기억해두어야 한다.
회원 등록 과정에서 신용카드 비밀번호와는 별도로 '임의의 4자리 비밀번호'를 요구하는데, 이 번호는 차후 자전거 이용 시 문제가 생기거나 여러 가지 서비스를 받을 경우 각 대여소의 단말기 보른에 입력해야 하므로 본인이 외우기 쉬운 번호로 설정하고 꼭 기억해두어야 한다.
벨리브 자전거의 기본 목적은 친환경 단거리 이동 수단이므로 한 번 사용할 때 30분을 넘기면 초과 요금이 적용되니 주의해야 한다('벨리브 파시옹 패스' 소지자는 45분간 연속 사용 가능). 즉, 최초 30분은 무료이지만 30분이 지난 후에 자전거를 반납하지 않으면 30분 단위로 초과 요금이 징수된다. 하지만 자전거 반납 후, 2분 이내에 재 대여가 가능하며 도심의 경우 300미터 간격으로 벨리브 대여소가 있으므로, 초과 요금에 대한 스트레스는 많지 않다. 다만 자전거를 길에 두었다가 잃어버리지 않도록 주의해야 한다.

〈초과 요금〉
30분~59분 초과 시 : 1 €
60분~89분 초과 시 : 3 €
90분~119분 초과 시 : 7 €
5시간 초과 시 : 31 €
10시간 초과 시 : 71 €
20시간 초과 시 : 151 €

기타 정보

- 지하철이나 버스의 충전식 교통 카드인 '나비고 패스(Passe Navigo)'에 벨리브 사용을 충전해서 사용할 수도 있다. 이 경우 벨리브 회원권을 따로 가지고 다니지 않고 나비고 패스만으로 벨리브 자전거를 이용할 수 있어 편리하다.
- 보증금 환급이나 자전거 도난 등의 문제가 생겼을 경우에는 알로 벨리브(Allo Vélib', 전화번호 01 30 79 79 30)로 문의하면 된다. 알로 벨리브 서비스는 기본적으로 프랑스어로만 대응하지만, 집요하게 전화를 하면 영어로도 답변해준다.

한국 영화를 보면 파리지앵이 된다?

À la Parisienne

"오늘은 뭐 할 거야?"

"샹젤리제 가보려고."

"거긴 왜? 쇼핑하려고? 아는지 모르겠지만 쇼핑하러 샹젤리제에 가는 얼빠진 파리지앵은 한 명도 없어. 거기는 관광객이나 가는 곳이야."

"내가 관광객하고 다를 게 뭐 있어? 어차피 너랑 같이 갈 생각도 없었어. 혼자 갔다 올 거야!"

"마음대로 해. 대신 관광객들한테 밟히지 않도록 조심해!"

에드워드의 충고를 뒤로하고 어린 나의 사촌 조카도, 나이 든 우리 엄마도 꼭 가보고 싶어한 그 이름조차 낭만적인 샹젤리제 거리Avenue des Champs-Élysées로 출발했다.

아우스터리츠 전쟁Bataille d'Austerlitz의 승리를 기념해서 나폴레옹 1세Napoléon Bonaparte의 명으로 30년에 걸쳐 완공한 개선문Arc de triomphe de l' Etoile이 바로 눈앞에 보인다. 승리의 아치Arc de triomphe라는 이름을 가진 승전 기념비라기에는 다소 여성스러운 느낌이다. 어쩌면 이 세상 모든 여자들의 로망인 샹젤리제 거

리의 시작 지점이라는 선입견 때문에 그렇게 보이는지도 모르겠다.

샹젤리제 거리는 첫 시작 지점부터 양쪽으로 명품숍이 가득하다. 그 앞에는 관광객으로 보이는 서양인들이 쇼윈도를 구경하다 발걸음을 옮긴다. 관광객으로 보이는 동북아시아계 사람들은 쇼윈도를 보지도 않고 곧장 가게 안으로 발을 들인다. 내 형편으로는 절대 살 수 없는 물건을 파는 수많은 숍들을 무심한 척 지나치며 멀리 보이는 샹젤리제 거리의 끝 콩코르드 광장Place de la Concorde의 오벨리스크Obélisque de Louxor를 향해 걸었다. 샹젤리제 거리의 끝 쪽에는 저렴한 물건을 파는 숍들도 많지만, 처음부터 쇼핑할 생각은 없었다. 그저 샹젤리제를 기분 좋게 산책하고 싶었는데 아무래도 잘못 생각한 것 같다. 처음에는 그냥 걷는 게 좋았는데 화려한 거리를 혼자 걷다 보니 금세 지루해졌다. 게다가 거리에 북적거리는 관광객들도 성가시다 못해 피곤하다.

대로를 벗어나 좋아하는 골목길로 향했다. 샹젤리제는 거리가 워낙 넓어서 골목길이라고 해도 좁은 편이 아니다. 왔던 길을 되돌아가며 다시 샹젤리제의 시작부터 골목길들을 살펴보았다. 그렇게 왔다 갔다 하면서 우연히 발견한 한 언덕길, 소박한 건물 앞에 영화 포스터가 붙어 있다.

"어, 한국 영화다!"

홍상수 감독의 영화가 상연 중이었다. 관광객으로는 절대 보이지 않는 사람들이 극장 입구에 줄을 서서 기다리고 있다. 나도 얼른 그 사람들 뒤에 줄을 섰다. 잠시 후, 한 남자가 내 뒤로 와서 "Oki's Movie?" 하고 묻는다. 무슨 말인지 알아듣지 못하고 멍한 표정으로 있자, 앞에 서 있던 남자가 "Oui, Oui(네, 네)" 하고 대신 대답을 한다.

그러고 보니 영화관에서 혼자 영화를 본 적이 한 번도 없다. 처음으로 뭔가를 해본다는 건, 그게 무엇이든 설렌다. 그것도 파리 샹젤리제의 한 모퉁이 영화관에서 보는 한국 영화라니! 프랑스어를 잘 못해서 혹시 주위에 한국 사람이 있으면 도움을 구하려고 두리번거렸지만 동양인은 나 하나뿐이다. 예전에 로마에서 이창동 감독의 〈시〉를 보러 갔을 때는, 이탈리아 사람보다 한국 사람이 훨씬 많았는데 이곳에는 다들 파리지앵인 듯하다. 이런저런 생각을 하는 사이 드디어 내 순서다. 할 수 없이 영어로 버벅거리며 겨우 영화표를 샀다.

그리 크지 않은 어둑한 극장 안에 사람들이 띄엄띄엄 앉아 있다. 좌석 번호가 따로 없어서 마음에 드는 앞자리에 앉았다. 잠시 후 사람들로 좌석이 가득 차자 극장 안의 불이 꺼졌다. 몇 편의 바보 같은 광고가 끝나자 본격적으로 영화가 시작되었다.

더빙이 아니라 프랑스어 자막이다. 이탈리아에서는 상연되는 모든 외국영화를 이탈리아어로 더빙해서 짜증이 나곤 했다. 아무리 성우들의 연기력이 뛰어나도, 그 언어를 알고 모르고를 떠나 원어로 영화를 보는 것이 그 영화를 보다 잘 느끼고 몰입할 수 있다는 게 내 생각이다.

영화가 끝나고 마지막 크레딧까지 다 올라가자, 극장 안에 불이 켜졌다. 벗어놓았던 옷과 가방을 챙기던 사람들이 나와 눈이 마주치자 내가 한국인이라는 것을 알아차리고 눈인사를 한다. 재밌게 잘 봤다는 눈빛이다. 나는 마치 영화 관계자라도 된 듯 고개를 끄덕이며 많은 눈빛에 대답했다. 만족스러워하는 관객들의 표정에 내가 왜 기분이 좋은지는 모르겠지만, 아무튼 뿌듯했다.

원래 샹젤리제 거리에는 극장과 영화관이 많이 있었는데, 언젠가부터 명품숍과 관광객을 위한 터무니없이 비싼 카페, 레스토랑에 밀려 지금은 남아 있는 곳이 몇 군데밖에 없다고 한다. 이 화려한 관광지에서 내가 영화를 본 작은 영화관 '르 발자크'를 찾는 사람은 파리지앵밖에 없다며 에드워드는 내가 '르 발자크'에서 한국 영화를 봤다는 것 하나로 '파리지엔느가 다 됐다'고 했다.

며칠 후, 에드워드와 다시 '르 발자크'를 찾았다. 영화가 끝나자 지난번에는 눈빛으로만 인사를 했던 파리지앵들이 에드워드가 옆에 있어서인지, 내게 와서 말을 걸며 인사를 한다. 홍상수 감독의 영화 외에도 김기덕, 임권택, 임상수, 봉준호, 이창동 감독의 영화도 봤단다. 서울에서 프랑스 영화를 접하는 것보다 파리에서 한국 영화를 접하는 게 더 쉬운 일인 듯하다.

만나서 수다 떠는 것을 좋아하는 프랑스 사람들이지만, 어젯밤에 봤던 드라마나 블록버스터 할리우드 영화를 봤다는 이야기를 나누는 건 듣지 못했다. 그들은 며칠 전에 봤던 아시아권 영화, 다큐멘터리 영화, 독립 영화 등 보다 개성 있는 영화에 주목하고 이야기를 나누었다. 언젠가 '아이들보다 더 반항적인 프랑스의 어른'이라는 주제의 기사를 읽은 적이 있다. 프랑스의 기성세대, 특히 파리지앵들은 세계적으로 히트를 한 영화에는 시큰둥한 반응을 보인다. 파리지앵의 영화 관람 포인트는 남들이 보지 않았을 것 같은 영화를 찾아보는 것이란 생각마저 든다. 그들은 마치 남과 다른 자신만의 개성을 찾아 헤매는 사춘기의 보헤미안 같다. 그래서인지 파리의 영화관에서는 할리우드 영화는 물론, 유럽 전역의 영화, 아시아권 영화, 오래된 흑백 영화, 제3세계 영화 등 다양한 영화들이 항상 상연되고 있다.

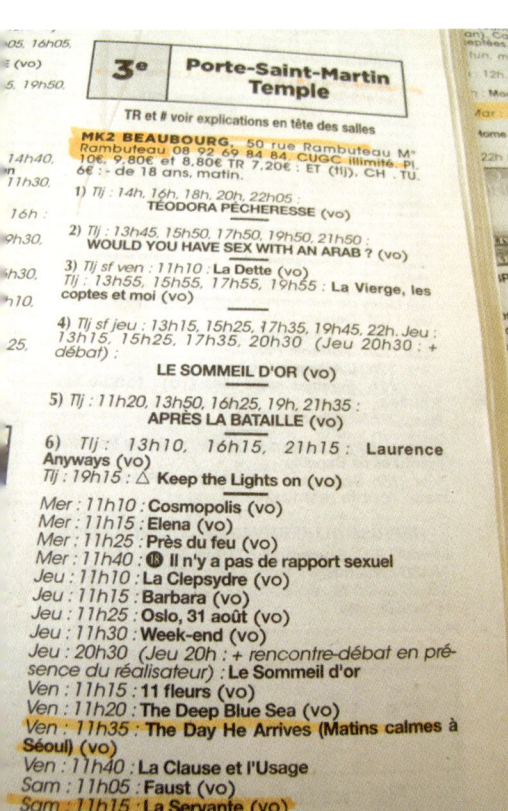

파리에서 영화 즐기기

　파리에는 크고 작은 영화관과 극장, 콘서트 홀, 박물관, 미술관이 셀 수 없을 정도로 많다. 하지만 어디에서 어떤 영화와 연극, 오페라, 콘서트, 특별 전시회가 열리는지 모른다면, 그것을 즐기기 쉽지 않을 것이다. 다양한 문화의 도시 파리에서 영화, 공연, 전시 정보를 쉽게 찾고 싶다면 빨간 불이 들어오는 홍당무 모양의 간판을 내건 곳, 즉 담배나 복권, 신문 등을 파는 타바Tabac에서 〈로피시엘 데 스펙타클르L'Officiel des spectacles(0.35€)〉나, 〈파리스코프Pariscope(0.40€)〉를 구입하면 된다. 이 작고 저렴한 주간발행지에는 파리에서 상연하는 모든 영화, 공연, 전시 정보가 수록되어 있다.

파리 여행 정보 3

파리의 느낌을 그대로 담은 영화관

이왕 파리에서 영화를 즐기려면 보다 파리만의 분위기가 느껴지는 영화관을 찾아보는 건 어떨까? 개인적으로 마음에 들었던 파리의 영화관을 소개한다.

르 발자크 Le Balzac

1935년에 개관한 이래, 독립영화나 예술영화를 주로 상연하고 있다. 샹젤리제의 한 모퉁이 언덕길에 위치한 것 치고는 소박하다 못해 다소 초라한 외관이지만, 넘쳐나는 대형 극장들 사이에서 굳건히 자리를 지키고 있는 파리지앵다운 고집이 느껴지는 영화관이다.

주소	1, rue Balzac, 75008 Paris
전화번호	+33 01 45 61 10 60
홈페이지	www.cinemabalzac.com

뤼세르네르 Lucernaire

영화관은 물론, 극장, 서점, 레스토랑을 동시에 운영하고 있는 곳이다. 그렇다고 화려한 멀티플렉스 영화관을 상상하지는 마라. 마치 영화 속에서 영화를 보는 듯 그야말로 파리의 옛정취가 물씬 풍기는 곳이다.

주소	53, rue Notre-Dame des Champs, 75006 Paris
전화번호	+33 01 45 44 57 34
홈페이지	www.lucernaire.fr

라 파고드 La Pagode

동양적인 외관과 실내 장식이 돋보이는 곳이지만 묘하게 파리가 느껴진다. 1895년 봉 마르세(Bon Marché) 백화점의 창업자 프랑수아에밀 모랭(François-Emile Morin)이 부인의 생일 선물로 지은 건물로, 처음에는 무도회장으로 사용했다고 한다. 1931년 실내 장식을 바꿔 지금의 영화관으로 개관, 주로 예술 영화를 상영하고 있다.

주소	57, Bis rue de Babylone, 75007 Paris
전화번호	+33 01 45 55 48 48

진정한 부르주아를 만나다

À la Parisienne

에드워드와 함께 카트린Catherine의 환갑잔치에 초대를 받았다. 카트린은 에드워드의 형수다. 오르세 미술관 근처의 아파트에 사는 형 부부는 이번 환갑잔치를 주아니Joigny에 있는 별장에서 한다고 했다. 주아니는 프랑스 중부 부르고뉴Bourgogne 지역의 욘주Yonne州 북서부에 위치한 곳으로 소설가 마르셀 에메Marcel Aymé의 고향으로 유명하다.

파리 중심에서 차로 두 시간을 달려 도착한 별장은 중세시대의 작은 성이었다. 아담한 장미 정원에는 초대받은 사람들이 샴페인과 화이트와인을 마시며 북적이고 있었다. 다른 손님들보다 늦게 도착한 우리는 먼저 파티의 주인공 카트린을 찾았다. 정원 한쪽, 하얀색 철조 페르골라Pergola 아래에서 친지들과 이야기를 나누고 있던 그녀는 우리를 보자 자리에서 일어나며 반갑게 맞이했다. 환갑의 나이로 보이지 않는 카트린은 뛰어난 미모는 아니지만 지적인 매력이 넘쳤다. 다만 그녀가 입고 있는 빨간색 민소매 티셔츠와 검정색 꽃무늬 스커트가 파티와는 잘 어울리지 않아 보일 뿐이었다. 아마 본격적인 파티가 시작되면 다른 옷으로 갈아입겠지?

파티가 시작되기 전, 에드워드가 성 안을 소개해주었다. 원래 이 성은 에드

워드의 부모님이 겨울 별장으로 쓰던 곳이라 에드워드는 어린 시절 이곳에서 성탄절을 보내곤 했단다. 몇 개의 거실과 고서가 가득한 서재, 손님용 방, 지붕 밑 다락방을 구경했다. 미술관에서 본 듯한 액자, 앤티크 가구와 소품, 어마어마한 양의 책을 보자 외국영화 속 한 장면에 들어와 있는 느낌이었다.

이번에는 지하 와인 창고로 향했다. 캄캄한 계단 입구에서부터 느껴지는 서늘한 한기와 돌벽, 좁은 통로로 연결된 각각의 지하방들은 로마의 산 칼리스토 카타콤베 Catacombe di San Callisto를 연상시켰다. 일정한 간격으로 창고 안을 가득 메우고 있는 와인은 최근에 만든 것부터 라벨이 곰팡이로 얼룩진 50~60년 묵은 와인까지 다양했다. 아마 그곳에 있는 와인만 팔아도 서울에서 집 한 채는 살 수 있을 듯했다.

"나, 이렇게 오래된 와인은 처음 봐."

"우리 형이 와인을 아주 좋아하거든. 형의 여름 별장 와인 창고에는 100년 된 와인도 있어."

"여기 말고 별장이 또 있어?"

"응, 거긴 정말 큰 성이야. 그래서 지하 와인 창고도 여기보다 훨씬 커."

이곳만 해도 대단한데 대체 거긴 얼마나 클까? 밖에서 곧 파티가 시작되니 모두들 거실로 모이라는 외침이 들렸다. 거실 안쪽, 화려한 꽃 장식이 고급스러운 테이블 위에 에드워드의 이름표와 내 이름표가 나란히 놓여 있다. 유럽의 파티에는 손님이 앉을 자리에 이름표를 놓아 자리를 미리 배치해 놓는다. 전날 밤, 카트린이 전화로 내 이름의 정확한 스펠링을 물어봤다고 한다. 그녀의 세심한 배려가 고마웠다.

잠시 후 오늘의 주인공인 카트린이 등장했다. '어? 아까 입었던 옷 그대로네?' 조금 전 다녀온 화장실에서 본 개수대 위의 도브 비누와 이케아 비누받침처럼, 화려한 성의 안주인의 환갑잔치 옷차림치고는 너무 소박하다. 이내 파티의 시작을 알리는 샴페인이 터지고 모두들 건배를 했다. 태어나서 마신 샴페인 중 가장 맛있었다. 샴페인 타임이 끝나고 각 테이블로 음식이 나오기 시작했다. 에드워드의 형이 카트린과 나이가 같은 와인을 직접 들고 다니며 손님들의 잔을 채웠다. 60년 된 와인을 한 번도 마셔본 적이 없는 나는 잔뜩 기대에 부풀어 와인을 맛보았다. 그러나 기대와는 달리 와인 맛은 한마디로 곰팡이 맛이었다. 에드워드는 인상을 쓰는 나를 보고 재밌어하며 웃었다. 건너편에 있던 카트린은 "이렇게 오래 된 와인은 나도 싫어해요. 이걸 마셔요" 하며, 다른 와인을 테이블에 놓았다.

'어? 손이 왜 저렇지?' 그녀의 손은 마치 온갖 일을 하는 노동자 같았다. 화려한 별장이나 그녀의 지적인 외모와 도저히 어울리지 않는 거친 손을 보며, 나는 문득 베로니크[Véronique]를 떠올렸다.

에드워드의 의사 친구의 아내인 베로니크와는 2년 전 그르노블[Grenoble] (프랑스 남동부 리옹 동남쪽에 위치한 곳으로, 1968년 제10회 동계올림픽 개최지)의 한 산꼭대기에서 스키의 스케이팅 기술 레슨을 함께 받으며 친해졌다. 사흘 동안의 레슨이 끝나는 마지막 날, 산 밑 레스토랑에서 함께 점심을 먹었는데 두꺼운 장갑을 벗은 그녀의 손이 아직도 기억에 생생하다. 단아한 그녀의 얼굴과는 달리 손이 너무 거칠어서 점심을 먹는 내내 나도 모르게 그녀의 손에 신경이 쓰였다. 식사 후 베로니크는 30분 거리에 있는 그녀의 집에서 차도 마시고 영화도 보지 않겠냐고 했다. 자리에서 일어나 주차장으로 향하는 그녀의 뒤를 따랐다. 그때 본 그녀의 숄더백은 손잡이 부분이 너덜거려 금방이라도 끊어질 것 같았다.

그녀의 집 입구는 소박한 산장 같았다. 근사한 벽난로가 있는 거실 뒤편으로 편안한 분위기의 서재가 있고, 책장 안에는 온갖 예술서적이 가득했다. 얼마 전 시내에서 구했다는 국화차를 끓여 정원에 나가서 마시기로 했다. 정원은 내가 다녔던 고등학교 운동장보다 몇 배는 넓었다. 정원에는 키 큰 호두나무와 밤나무, 키 작은 동백나무, 화려한 수국과 색색의 모란꽃이 가득했다. 모든 식물이 잔디 위를 수놓은 듯 아름다웠다. 우리는 정원 의자에 나란히 앉아 눈앞에 펼쳐진 알프스 산맥의 줄기를 감상하며 여유롭게 국화차를 마신 다음, 별채에 있는 영화 감상실로 향했다. 별채 1층은 그녀가 찍은 사진을 전시하는 공간으로 사용했는데, 산장의 개인 전시실이 서울의 웬만한 갤러리보다 근사했다. 2층 영화 감상실에서 이창동 감독의 〈오아시스〉를 보았다. 베로니크는 이렇게 좋은 영화는 최근 들어 처음 본다며 감동했다.

며칠 전 베로니크에게 전화가 왔다. 주말에 남편과 파리에 있는 시댁에 오는데 만나서 산책도 하고 시댁에서 함께 점심을 먹자고 했다. 이른 일요일 아침, 우리는 파리 16구에 있는 바가텔 공원Parc de Bagatelle에서 공작새와 함께 수많은 나무 아래를 천천히 걸었다. 베로니크는 파리에서 살던 시절, 남편 올리비에Olivier가 출근하면 아이들과 함께 매일 이 공원에 왔다고 했다. 이른 아침 상쾌한 산책을 마치고 향한 그녀의 시댁은, 개선문 앞에 있는 고급 아파트였다. 몇 달 전 부인과 사별한 올리비에의 아버지가 이곳에서 혼자 지낸다고 했다. 우리는 환상적인 붉은 와인을 곁들여 렌틸콩 요리와 발사믹 드레싱의 상추 샐러드로 점심을 먹었다. 에드워드를 제외한 모두가 접시에 묻은 발사믹 드레싱을 바게트 조각으로 깨끗하게 닦아 먹는 걸 보고, 그들을 따라 했다. 식사 후 아파트 2층 거실에서 창밖의 개선문을 내다보는데 올리비에의 아버지가 얇은 비닐봉지에 모아놓은 여러 종류의 캔디와 초콜릿, 캐러멜을 권한다. 마치 우리네 외할아버지 같다.

개선문 전망대에는 오늘도 관광객으로 가득하다. 10년 전, 동생과 바로 저 전망대에서 파리 시내를 내려다 봤었다. 그때 동생 자영이와 나누었던 대화가 기억난다. "언니, 저기 보이는 아파트에 사는 사람들은 엄청 부자겠지? 명품 아니면 안 들고 안 걸치고, 차도 제일 비싼 것만 타겠지? 먹는 것도 비싼 것만 먹고 말이야. 잘난 척도 대단할 거 같아."

"그렇겠지. 부르주아Bourgeois가 다 그렇잖아."

1970년대에 한국에서 태어나서 1980년대에 《난장이가 쏘아올린 작은 공》을 읽으며 사춘기를 보내고, 강남과 강북이라는 구분이 깊이 뿌리내린 한국에서 21세기를 맞은 내게 부르주아란 프롤레타리아Prolétariat의 반대말인 부정적인 의미일 뿐이었다. 오랜 시간이 지난 오늘, 프랑스 파리의 한 부르주아의 아파트 창가에서 내가 생각했던 부르주아와 프랑스의 부르주아에 대해 고민해본다.

또 다른 부르주아, 프랑스식 보보스

보보스BOBOS는 2000년 미국에서 발행한 《보보스 인 파라다이스BOBOS in Paradise》에 처음 등장한 단어로, 저자인 데이비드 브룩스David Brooks가 부르주아Bourgeois와 보헤미안Bohemian을 합성해서 만든 신조어다. 미국의 새로운 상류계급을 뜻하던 보보스가 요즘은 물질과 정신의 풍요를 동시에 누리는 전 세계의 신부유층을 지칭하는 말로 사용되고 있다. 20년 전 부르주아를 꿈꾸던 많은 한국 사람들도 이제 보보스를 꿈꾼다. 파리에도 보보스가 많은데, 내 눈에 비친 파리지앵 보보스는 공통점이 있다. 우선, 그들은 모두 부르주아의 후손이며 보수적 성향보다 진보적, 좌파적 성향을 지지한다. 또 그들은 철저한 안티부르주아라는 모순을 지니고 있다. 이미 부르주아인 그들에게 보헤미안적 개성과 자유는 동경의 대상이었을지 모르겠다. 이처럼 파리의 보보스는 신부유층이 아니라 보헤미안을 꿈꾸는 오래된 부르주아처럼 보인다.

데생 학원에 등록하다

À la Parisienne

"파리는 꼭 그림 같아. 정말 아름다워."
"그림, 그려 봐! 너 그림 잘 그리잖아."
"데생 기본이 없어서 파리를 그릴 만한 실력은 아니야."
센Seine 강변을 걸으면서 에드워드와 이런저런 이야기를 나누었다.

며칠 후, "나랑 구청에 좀 가자. 구청에서 운영하는 데생 교실이 있거든. 거기서 기본이 없는 네 데생 실력 좀 늘려보라고!" 하며 에드워드가 나를 이끌었다. 기껏해야 한 달쯤 파리에 머무를 생각인데, 그동안 레슨을 받는다고 뭐가 달라질까? 게다가 예술의 도시 파리에서 그림을 취미로 그리는 사람들은 분명 나보다 실력이 좋을 텐데.

"됐어, 싫어. 나 그림 잘 못 그려."
"그림 잘 그리면 뭐 하러 돈 내고 수업을 받겠어? 그런 그림 돈 받고 팔겠지. 얼른 따라 와!"

마구잡이로 우기는 에드워드가 살짝 짜증스러웠지만, 어차피 여권 하나 달랑 들고 온 외국인은 받아주지 않을 거라는 생각으로 마지못해 끌려갔다. 우리나라로 치면 구청에서 운영하는 문화센터쯤 되는 곳인데 막상 가보니 센

터에 아무도 없다.

"아무도 없네. 그냥 돌아가자."

"잔말 말고 따라오세요."

센터 안 여기저기를 기웃거리다 막다른 복도 끝에서 발견한 얼룩진 하얀 문을 에드워드가 과감하게 열었다.

"어머나!"

문을 열자마자 발가벗은 여자가 우리를 힐끔 쳐다본다. 그리고 그녀의 시선을 따라 뒤돌아보는 몇몇 학생들. 강사로 보이는 순한 눈빛의 남자가 우리 앞으로 다가왔다. 문을 꼭 닫고 은밀하게 진행 중이던 누드 데생 시간에 갑자기 들이닥쳐서 멀뚱히 서 있는 우리가 당황스러운 기색이다. 반면, 에드워드는 생각지 못한 누드모델 덕분에 놀라긴 했어도 묘하게 기분이 좋아 보인다. 그는 강사와 10분 정도 이야기를 나누더니 "다음 주 수요일 7시에 HB연필이랑 3B연필 들고 여기로 오면 돼"라고 한다.

"등록하려면 제출해야 할 서류는 없어? 하기야 난 가지고 있는 거라곤 여권밖에는 없지만."

"그냥 연필만 가져 오면 돼. 다음 주 수요일은 정식 수업이 아니라 네가 어느 정도 실력인지를 보고 학생으로 받을지를 판단하겠대. 아마 너 정도 실력이면 아무 문제없을 거야."

센터에 들어올 때만 해도 시큰둥했던 마음이 누드모델을 본 순간 돌변해서 레슨을 꼭 받고 싶었다. 누드화를 그려본 적이 한 번도 없었기 때문이다.

"그런데 수업료는 얼마래?"

"너도 파리지앵이기 때문에 얼마 안 돼(파리지앵이 아닌 사람은 보통 50유로 정도 더 비싼 수업료를 내야 한다). 레슨비는 내가 선물할게. 그러니까 시험에 통과부터 해."

"내가 무슨 파리지앵이야? 나 외국인이야. 한국인이라고."

"네 생각에는 파리지앵이 다 프랑스 사람일 거 같아? 파리에 사는 사람이면 다 파리지앵이야. 너도 지금 파리에 살고 있으니까 파리지앵인 거야."

"그건 네 생각이지! 파리 구청에서도 과연 그렇게 생각할까?"

"구청은 파리지앵들이 싼 가격으로 취미생활을 할 수 있도록 센터에 지원을 해줄 뿐이야. 학생으로 받아주고 아니고는 레슨을 하는 강사가 결정하는 거야. 강사는 네가 여기 비자가 있는지 체류증이 있는지, 심지어는 여권이 있는지, 그런 거 관심도 없어."

다음 주 수요일 저녁 6시 50분, HB연필과 3B연필, 지우개만 달랑 들고 누드화를 그릴 생각에 한껏 부푼 마음으로 센터를 찾았다. 아직 학생도 강사도 아무도 없는 교실 안, 각도를 달리한 테이블 위에 여러 가지 정물이 놓여 있다. 아무래도 오늘은 정물화를 그리려는 모양이다. 조금 실망스럽다. 교실을 나와 바로 옆방을 들여다보니 손때 묻은 나무 이젤과 물감으로 얼룩진 나무 화판이 한가득 쌓여 있다. 미술 도구를 보니 잠깐 실망했던 마음이 다시 설렌다. 그림 그리는 것을 아주 좋아하지만, 중고등학교 시절 미술시간 외에는 따로 레슨을 받아본 적은 없다. 첫 미술 레슨을 다름 아닌 프랑스 파리에서 받게 될 거라고는 꿈도 꾸지 못했다.

수업을 들을 수 있는지도 확실하지 않은 상태에서 김칫국부터 마시며 행복해 하고 있는데, 뒤에서 인기척이 들렸다. 지난주에 봤던 순한 눈빛의 미술 강사다. 강사는 교실 안으로 들어오라고 손짓하더니 여러 가지 정물 중에 어느 것을 그리고 싶은지 물었다. 내가 우물쭈물 결정을 못 내리자, 와인 병과 화병, 안개꽃이 놓인 테이블을 가르치며 그려보라고 했다. 준비한 연필로 본격적으로 정물화 데생을 시작했다. 뒤에서 팔짱을 끼고 지켜보는 강사가 여간 부담스러운 게 아니다.

그때 30대 중반으로 보이는 여자가 "안녕하세요 Bon soir" 하고 들어오더니 언달아 20대 여자, 정장차림의 중년 남녀, 조금 우울해 보이는 할아버지, 두꺼운 안경을 쓴 남자가 차례차례 들어왔다. 덕분에 강사의 시선이 분산되었다. 모두 강사와 이야기를 나누며 자연스럽게 교실 한쪽에 외투를 벗어놓고, 옆방에서 이젤과 화판을 들고 와서 곧장 익숙하게 자리를 잡고 그림을 그렸다. 우울한 표정의 할아버지는 교실 안에 놓인 정물 대신 바다 위에 떠 있는 돛단배를 유화로 채색하고, 중년 남자는 교실 안에 있는 정물 중 하나를 채색했다. 그러고 보니 이 정물은 오늘 처음 놓인 것이 아닌 듯하다. 눈이 나쁜 남자는 커다란 종이를 테이블 위에 올려놓고 여러 가지 도구를 이용해서 추상화를 그리는데 실력이 보통이 아니다. 강사는 학생들과 잡담을 나누며 돌아다니다 틈틈이 채색이나 구도에 문제가 있는 부분을 고쳐주거나 자신의 의견을 이야기했다.

그렇게 2시간 30분이 지났다. 강사가 30대 여자를 내게 데리고 왔다. 그녀는 스페인 사람이었는데, 내가 이탈리아어를 할 수 있다는 걸 아는 강사는 그녀에게 통역을 부탁했다. 이탈리아어를 할 수 있는 사람은 스페인어를 대충 알아듣기 때문이다. 같은 라틴어권이라도 프랑스어보다 스페인어가 이탈리아어와 더 비슷하다. 이상한 것은 이탈리아어를 하는 사람은 스페인어를 대충 알아듣지만, 스페인어를 하는 사람은 이탈리아어를 잘 알아듣지 못한다.

"수업에 참가해도 좋대요."

합격이다! 통역의 도움을 받아 강사와 대화를 나누자 다른 수강생들의 호기심 어린 시선으로 쳐다본다. 하지만 대화에 끼어드는 사람은 없다. 로마에서는 상상도 못할 일이다. 이탈리아 사람이라면 한마디씩 거들거나, 내게 와서 알아듣든 말든 무턱대고 말을 걸었을 것이다. 아마도 프랑스 사람들은 이탈리아 사람들보다 수줍음이 많거나 님의 일에 관심이 없는 것 같다.

다음 수업 시간에는 지난 시간에 그렸던 정물화에 채색을 했다. 오랜만에 붓을 잡은 터라 어디서부터 어떻게 칠해야 할지 막막했다. 특히 안개꽃 부분이 유난히 힘들어서 쩔쩔매고 있는데 갑자기 뒤에서 "브라보Bravo(이 단어는 프랑스 사람들도 많이 사용한다)!"라는 소리가 들린다. 중년 여자가 뒤에서 내 그림을 지켜보고 있었다. "고마워요Merci"하고 인사는 했지만 내 그림이 그다지 좋지 않은 것을 알고 있기에 예의상 하는 소리겠지 하고 채색에 몰두했다. 그렇게 1시간 정도를 집중하다 눈이 침침해 잠시 휴식을 취하며 다른 사람들의 그림을 구경했다. 아까 내게 칭찬을 했던 중년 여자의 그림을 보았다. '아, 그냥 한 소리가 아니었네. 진심이었구나.' 그녀의 그림은 한마디로 엉망이다. 내가 뒤에 서 있다는 걸 눈치챈 그녀는, 자신의 그림에 대해 설명하기 시작했다. 왜 이런 식으로 채색을 하는지 테이블 위의 정물을 전반적으로 그리지 않고 한 부분만 그리고 있는지 이유를 설명하는 듯하다. 그녀의 창의적인 그림은 정물화에 대한 고정관념을 깨주었다. 그러자 이번에는 안경을 쓴 남자가 자신의 그림을 설명했다. 무슨 내용인지 다 알아듣진 못했지만 무척 만족스러운 듯 당당하게 이야기했다. 그럴 만도 한 것이 그의 그림은 정말 전문가 수준이다. 당장 전시회에 걸어놓아도 나무랄 데 없는 작품이다. 그러자 옆에 있던 중년 남자와 강사도 대화에 끼어들었다. 내가 잘 못 알아듣자 스페인 여자가 통역에 나섰다. 우린 그림에 대해 각자의 의견들을 나누고, 그림을 감상할 때의 각자의 포인트에 대해 이야기했다.

눈이 나쁜 남자는 지난 주말에 화가 귀스타브 모로Gustave Moreau가 살던 집에 다녀온 이야기를 했고, 누군가는 벌써 갔다 왔는데 느낌이 어땠다, 또 누군가는 나도 가봐야겠다는 이야기를 하면서 그림을 그렸다. 그림을 배우러 온 곳이라기보다 그림을 좋아하는 사람들이 일정한 시간에 한 자리에 모여 자신만의 스타일로 그림을 그리고, 다른 사람의 그림을 보며 이야기를 나누는 동아리 같은 느낌이나. 우리는 그날을 계기로 말을 터서, 서로의 이름을 알게 되고 조금씩 친해지기 시작했다.

내 그림을 칭찬했던 중년 여자의 이름은 이사벨Isabelle이다. 지난주에는 이사벨과 내 통역을 맡아주는 요아나Yohana와 함께 화가 아리 세퍼Ary Scheffer가 살았던 집인 로텔 세퍼르낭L'Hôtel Scheffer-Renan에 다녀왔다. 우리는 그곳 정원의 기분 좋은 카페에 앉아 이런저런 이야기를 나누었다. 내가 화가의 집은 처음 와 봤다고 하자, 이사벨이 다음에는 조각가 오십 자킨Ossip Zadkine의 집에 같이 가자고 했다. 그리고 아리 세퍼의 집에 다녀온 다음 날, 마침내 나는 꿈에 그리던 누드화를 그렸다!

/ 파리 각 구청에서 운영하는 문화센터 정보

파리의 문화센터 취미 교실에 대한 다양한 정보는 홈페이지(ateliers-beaux-arts.activites.paris.fr)에서 자세히 알아볼 수 있다.

파리 여행 정보 4

파리 속 예술가의 터전을 찾아라!

파리는 감수성이 풍부한 예술가와 잘 어울리는 도시다. 여러 나라의 많은 예술가들은 오래전부터 파리의 매력에 빠져서 이곳을 찾았다. 그래서 파리에는 많은 예술가들의 자취가 그대로 남아 있다. 파리에서 여유 있는 한때를 보내고 싶을 때, 평소 관심 있던 예술가들의 '집'에 가보는 것은 어떨까?

낭만주의 미술관 / 로텔 세퍼르낭
Musée de la Vie Romantique/L'hôtel Scheffer-Renan

아리 세퍼(Ary Scheffer, 1795~1858)는 냉고전주의(Classicisme froid)라는 독자적 스타일을 발전시킨, 덴마크 출신의 프랑스 화가다. 초기에는 문학작품을 소재로 한 그림들을 주로 그리다가, 말년에는 종교적 색채의 그림을 그렸다. 세계적으로 유명한 화가라고 할 수는 없지만, 그가 살았던 로텔 세퍼르낭은 무척 매력적인 곳이다. 정원 한쪽에 있는 카페 또한 그림 같다.

- **주소** 16, rue Chaptal, 75009 Paris
- **교통** 지하철 12호선 생조르주(Saint-Georges) 역 또는 2호선 블랑세(Blanche) 역, 피갈(Pigalle) 역
- **전화번호** +33 01 55 31 95 67
- **개관 시간** 10:00~18:00   **휴관** 월요일, 프랑스 공휴일
- **홈페이지** www.vie-romantique.paris.fr(영어, 스페인어 지원)

외젠 들라크루아 국립 박물관 Musée national Eugène Delacroix

외젠 들라크루아(Eugène Delacroix, 1798~1863)는 낭만주의 미술 시대를 연 인물이자, 19세기 낭만주의 미술을 대표하는 프랑스의 화가다. 다양한 소재를 화폭에 옮긴 그는 호기심이 많은 예민한 사람이었던 것 같다. 그가 살았던 이곳의 아담하고 낭만적이 정원에서는 아무것도 하지 않아도 좋다. '잠시 핸드폰을 꺼두셔도 좋습니다'라고 말한 광고 카피가 생각나는 곳이다.

- **주소** 6, rue de Furstenberg, 75006 Paris
- **교통** 지하철 4호선 생제르맹데프레(Saint-Germain-des-Prés) 역 또는 10호선 마비용(Mabillon) 역
- **전화번호** +33 01 44 41 86 50
- **개관 시간** 9:30~17:00 **휴관** 화요일, 1월 1일, 5월 1일, 12월 25일
- **홈페이지** www.musee-delacroix.fr(영어 지원)

자킨 박물관 Musée Zadkine

오십 자킨(Ossip Zadkine, 1890~1967)은 러시아 출신 조각가로 1928년부터 파리에 터전을 잡고 작업을 시작해서 이곳에서 여생을 마쳤다. 보슬비가 내리던 날 찾은 그의 집은, 조그마한 정원 안을 가득 메운 그의 작품들과 함께 고즈넉하게 젖어가고 있었다. 실제로 그가 생활했던 공간을 볼 수는 없지만, 그의 작품들을 깔끔하게 전시해놓은 전시실이 무척 쾌적하다. 오십 자킨의 팬이라면 50년을 그와 함께한 이 공간을 놓치지 말자.

주소	100 bis, rue d'Assas, 75006 Paris
교통	지하철 4호선 바뱅(Vavin) 역 또는 4, 6호선 라스파유(Raspail) 역, RER B선 포르로얄(Port-Royal) 역
전화번호	+33 01 55 42 77 20
개관 시간	10:00~18:00 휴관 월요일, 프랑스 공휴일
홈페이지	www.zadkine.paris.fr(영어, 스페인어 지원)

귀스타브 모로 미술관 Musée Gustave Moreau

귀스타브 모로(Gustave Moreau, 1826~1898)는 종교와 신화라는 소재를 몽환적인 화풍으로 표현한 프랑스 상징주의 화가다. 집 안 가득한 그의 작품을 감상하며 구석구석을 살피면, 마치 판타지 소설을 읽다가 살짝 잠이 들어 꿈 속을 걷고 있는 것 같다.

주소	14, rue de La Rochefoucauld, 75009 Paris
교통	지하철 12호선 트리니테데스티엔 도르브(Trinité-d'Estienne d'Orves) 역 또는 생조르주(Saint-Georges) 역
전화번호	+33 01 48 74 38 50
개관 시간	10:00~12:45/14:00~17:15 (금, 토, 일요일은 휴식 없이 종일 개관)
휴관	매주 화요일, 1월 1일, 5월 1일, 12월 25일
홈페이지	www.musee-moreau.fr (영어, 일본어 지원)

부르델 미술관 Musée Bourdelle

앙투안 부르델(Antoine Bourdelle, 1861~1929)은 최초로 베토벤 상(像)을 제작한 프랑스 조각가이다. 미술관의 기다란 후원 가운데 있는 그의 작업실에 들어서면, 작가가 잠시 외출한 사이 몰래 작업실에 들어 온 듯한 착각에 빠진다.

주소	18, rue Antoine-Bourdelle, 75015 Paris
교통	지하철 12호선 팔기에르(Falguière) 역 또는 4, 6, 12, 13호선 몽파르나스-비앵브뉘 (Montparnasse-Bienvenüe) 역
전화번호	+33 01 49 54 73 73
개관 시간	10:00~18:00　휴관　월요일, 프랑스 공휴일
홈페이지	www.bourdelle.paris.fr(영어, 스페인어 지원)

Paris la nuit ☾

파리에 어둠이 내리면

센 강의 연가

깊어가는 파리의 밤,
에펠은 반짝이고

검은 고양이는 떠났어도
아직 몽마르트르의 밤에는

루브르와 오르세의 창문

센 강의 연가
Paris la nuit

"안 추워?"
"응."
"그럼, 우리 좀 걸을까?"

에펠탑Tour Eiffel이 바로 앞에서 빛나는 이에나 다리Pont d'Iéna를 건너 센 강을 따라 천천히 걸었다. 파리에 와서 센 강변을 걷는 건 처음이다. 에드워드 때문에 이곳까지 왔는데 그와 단둘이 있는 것도 오늘이 처음인 것 같다. 그리고 이 남자와 이렇게 천천히 걸어보는 것도 처음이다.

"이제 봄인가 봐."

늦은 밤, 찬기 없는 강바람에 기분까지 향긋하다. 하루 종일 말을 해야 하는 고등학교 국어 교사이고, 수다쟁이의 피가 흐르는 프랑스 남자인 그가 오늘은 웬일인지 말이 없다. 그리고 보니 그와 말없이 걷는 것도 처음인 것 같다. 그저 오래전부터 알고 지낸 친구일 뿐, 그에 대해 잘 안다고는 할 수 없는데, 그와 아무 말 없이 걷는 것이 어색하지 않다. 이상하게 편안하다.

말없이 걷다 가끔씩 뒤돌아보면 하얀색 초승달 밑에서 에펠탑이 빛나고 있다. 그리고 센 강은 반짝이는 파리를 비추며 잔잔하게 흐른다.

"춥지 않아?"

"응."

"그럼 우리 다리 밑으로 내려가 볼까?"

다리 밑은 늦은 시간이라 강변을 지나는 차도 드물다. 습한 봄바람에 묻은 센 강의 물 냄새가 코끝을 스치자 가슴이 폭신해진다.

"Sous le pont Mirabeau coule la Seine, Et nos amours. Faut-il qu'il m'en souvienne. La joie venait toujours après la peine."

반짝이며 물결을 일으키는 센 강을 말없이 쳐다보고 있던 그가 입을 뗐다. 분명 기욤 아폴리네르Guillaume Apollinaire의 시 〈미라보 다리Le pont Mirabeau〉의 첫 소절이다. 프랑스어를 전혀 모르지만 어떤 말을 해야 할지 알 것 같다.

"밤이여 오라, 종아 울려라. 세월은 가고, 나는 머문다."

나는 시의 후렴구를 한국말로 읊었다. 그런데 한국말을 한마디도 모르는 이 남자도 알아듣는 것 같다. 그가 미소 짓는다.

"이 다리가 바로 그 미라보 다리Pont Mirabeau야?"

"응, 바로 여기야."

시인 아폴리네르와 화가 마리 로랑생Marie Laurencin의 추억이 깃든 곳, 미라보 다리. 시인인 남자는 화가인 여자와 헤어진 후, 홀로 이곳을 다시 찾았을 것이다. 미라보 다리 아래를 흐르는 센 강은 남자와 여자가 사랑을 속삭였을 그때와 마찬가지로 변함없이 그들과 함께했을 것이다. 눈부시게 아름다운 도시 파리를 가로질러 흐르는 긴 강줄기 센은 얼마나 많은 사랑의 시작과 끝을 함께했을까?

파리의 연인들의 너그럽고 속 깊은 친구 센 강. 옛사랑의 연가가 물결치는 가슴 시린 센 강에서 내 옛사랑의 자리에 새로운 사랑이 흘러든다.

미라보 다리 Le pont Mirabeau

기욤 아폴리네르

Sous le pont Mirabeau coule la Seine
Et nos amours
Faut-il qu'il m'en souvienne
La joie venait toujours après la peine

미라보 다리 아래 센 강은 흐르고
우리네 사랑도 흘러내린다
내 마음속에 깊이 아로새기리
기쁨은 언제나 괴로움에 이어 옴을

Vienne la nuit sonne l'heure
Les jours s'en vont je demeure

밤이여 오라 종아 울려라
세월은 가고 나는 머문다

Les mains dans les maines restons face à face
Tandis que sous
Le pont de nos bras passe
Des éternels regards l'onde si lasse

손에 손을 맞잡고 얼굴을 마주 보면
우리네 팔 아래 다리 밑으로
영원의 눈길을 한 지친 물살이
저렇듯 천천히 흘러내린다

Vienne la nuit sonne l'heure
Les jours s'en vont je demeure

밤이여 오라 종아 울려라
세월은 가고 나는 머문다

L'amour s'en va comme cette eau courante
L'amours s'en va
Comme la vie est lente
Et comme l'Espérance est violente

사랑은 흘러간다 이 물결처럼
우리네 사랑도 흘러만 간다
어쩌면 삶이란 이다지도 지루한가
희망이란 왜 이렇게 격렬한가

Vienne la nuit sonne l'heure
Les jours s'en vont je demeure

밤이여 오라 종아 울려라
세월은 가고 나는 머문다

Passent les jours et passent les semaines
Ni temps passé
Ni les amours reviennent
Sous le pont Mirabeau coule la Seine

나날은 흘러가고 달도 흐르고
지나간 세월도 흘러만 간다
우리네 사랑은 오지 않는데
미라보 다리 아래 센 강이 흐른다

Vienne la nuit sonne l'heure
Les jours s'en vont je demeure

밤이여 오라 종아 울려라
세월은 가고 나는 머문다

/ **미라보 다리** Pont Mirabeau

1895년에서 1897년에 걸쳐 지어진 철교로, 파리 제 15구와 16구를 연결하는 아치 모양의 다리다. 장 앙투안 앙잘베르(Jean Antoine Injalbert)의 조각품 4개가 다리 양쪽을 장식하고 있다. 우리에게는 기욤 아폴리네르의 시 〈미라보 다리〉로 많이 알려져 있다. 사랑의 기억을 노래한 이 시는 미라보 다리를 더욱 아름답게 만들어준다. 하지만 파리 외곽에 있어 인적이 드물기 때문에 늦은 밤에 미라보 다리 아래를 걷는 건 위험하다.

가는 법 지하철 10호선 미라보(Mirabeau) 역, 또는 RER C선 자벨(Javel) 역

파리 여행 정보 5
센 강 산책

센 강은 프랑스 중부의 디종Dijon을 시작으로 파리를 가로질러 프랑스 서북부의 르 아브르Le Havre, 옹플뢰르Honfleur로 연결되는 총 길이 776킬로미터의 긴 강이다. 파리지앵의 쉼터, 공원이자 산책로, 그들의 자연이자 그들의 자랑인 센. 파리에 왔다면 센 강변을 산책하는 것은 당연한 코스다. 센 강 어디를 어떻게 산책하면 좋을지 지역별로 나누어 보았다.

쉴리 다리부터 예술의 다리까지 산책
Pont des Sully → Pont des Arts

파리의 심장과 같은 시테 섬 주변의 산책 코스. 노트르담 대성당이나 생트샤펠, 또는 마자랭 도서관(프랑스 학사원 안에 위치)을 방문할 때, 이 산책 코스를 함께하면 좋다. 파리의 중심을 흐르는 센 강 산책코스로 예술의 다리, 퐁네프, 아르슈베세 다리 등을 포함한다. 세계 각지에서 모여든 수많은 여행자와 파리지앵으로 항상 붐비는 곳이지만 센 강은 역시 시테 섬 주변이 가장 아름답다.

가는 법
- 노트르담 성당이나 생트샤펠 방문을 겸해 산책할 때 - 4호선 시테(Cité) 역, RER B선, C선 생미셸노트르담(Saint-Michel-Notre-Dame) 역
- 마자랭 도서관 방문을 겸해 산책할 때 - 7호선 퐁네프(Pont Neuf) 역
- 쉴리 다리부터 예술의 다리까지 시테 섬 주변을 흐르는 센 강변 산책만을 목적으로 할 때 - 7호선 쉴리모를랑(Sully-Morland) 역 또는 퐁네프(Pont Neuf)역

루아얄 다리부터 앵발리드 다리까지 산책
Pont Royal → Pont des Invalides

센 강의 가장 아름다운 다리인 알렉상드르 3세 다리(Pont Alexandre III)가 있는 산책 코스. 이 코스는 튈르리 정원, 루브르 박물관, 오르세 미술관, 앵발리드, 그랑 팔레, 프티 팔레, 콩코르드 광장 등을 방문할 때 겸하면 좋다. 해질 무렵이나 늦은 시간이 더 아름다운 산책 코스이다.

가는 법
- 튈르리 정원, 루브르 박물관 방문을 겸해 산책할 때 - 1호선 튈르리(Tuileries) 역, 팔레 루아얄-뮈제 뒤 루브르(Palais Royal-Musée du Louvre) 역, 루브르-리볼리(Louvre-Rivoli) 역
7호선 팔레 루아얄-뮈제 뒤 루브르(Palais Royal-Musée du Louvre) 역
- 오르세 미술관 방문을 겸해 산책할 때 - RER C선 뮈제 도르세(Musée d'Orsay) 역
12호선 아상블레 나시오날(Assemblée Nationale) 역
- 앵발리드 방문을 겸해 산책할 때 - 8호선 앵발

리드(Invalides) 역, 라 투르-모부르(La Tour-Maubourg) 역, 에콜 밀리테르(École Militaire) 역 13호선 바렌(Varenne) 역, 앵발리드(Invalides) 역 또는 RER C선 앵발리드(Invalides) 역
- 그랑 팔레, 프티 팔레, 콩코르드 광장 등의 방문을 겸해 산책할 때 - 1호선, 13호선 샹젤리제-클레망소(Champs-Élysées-Clemenceau)역 1호선, 8호선, 12호선 콩코르드(Concorde) 역
- 루아얄 다리부터 앵발리드 다리까지 센 강변 산책만을 목적으로 할 때 - RER C선 뮈제 도르세(Musée d'Orsay) 역, 앵발리드(Invalides) 역 8호선, 13호선 앵발리드(Invalides) 역

이에나 다리에서 미라보 다리까지 산책
Pont d'Iéna → Pont Mirabeau

에펠탑이나 트로카데로 광장에 갈 때 겸하면 좋은 산책 코스. 특히 비르아켐 다리와 그르넬르 다리 사이의 시뉴 섬의 공원이자 산책로인 '백조의 길'을 추천한다. 비가 개인 이른 아침이나 늦여름 가을이 시작할 즈음 가장 아름답다.

가는 법
- 에펠탑 방문을 겸해 산책할 때 - RER C선 샹 드 마르스-투르 에펠(Champ de Mars-Tour Eiffel) 역 6호선 비르아켐(Bir-Hakeim) 역
- 트로카데로 광장을 겸해 산책할 때 - 6호선 파시(Passy) 역, 트로카데로(Trocadéro) 역 9호선 트로카데로(Trocadéro) 역
- 이에나 다리에서 미라보 다리까지 센 강변 산책만을 목적으로 할 때 - 6호선, 9호선 트로카데로(Trocadéro) 역, 10호선 미라보(Mirabeau) 역, RER C선 자벨(Javel) 역

베르시 다리와 시몬드보부아르 인도교 산책
Pont de Bercy → Passerelle Simone-de-Beauvoir

프랑스 국립도서관에 왔다면 강변을 따라 산책하는 것도 좋다. 특히 베르시 공원과 연결되는 보행자, 자전거 전용 다리인 시몬드보부아르 인도교가 인상적이다. 이 코스는 무엇보다도 인적이 드물어서 조용하고 차분한 산책에는 그만이다. 오전 중에 산책할 때 더 상쾌하며 벨리브를 타고 센 강변을 달리고 싶다면 이 코스를 추천한다.

가는 법
14호선 쿠르 생테밀리옹(Cour Saint-Émilion) 역, 베르시(Bercy) 역
6호선 케 드 라 가르(Quai de la Gare) 역, 베르시(Bercy) 역

Paris la nuit

　몽파르나스Montparnasse 역에서 지하철 6호선으로 갈아타고 파스퇴르Pasteur 역을 지나면 고가 철로를 달리는 지하철 창밖으로 파리 15구의 일상이 내려다보인다. 그렇게 몇 정거장을 지나 뒤플렉스Dupleix 역에 도착하면 '잠시 후면 비르아켐 다리Pont de Bir-Hakeim다!' 매번 마음의 준비를 한다. 다음 정거장인 비르아켐 역에서 한 무리의 관광객이 에펠탑Tour Eiffel을 보기 위해 내리고, 지하철이 다시 속력을 내면 창밖의 파리는 센 강과 에펠탑을 가진 화려한 모습으로 급변한다. 그리고 센 강 너머로 당당하게 서 있는 에펠탑의 도도한 자태에 다시 한 번 매료되고 만다. 오늘도 변함없이 눈과 마음이 탁 트인다. 너무도 조화로운 센 강과 에펠탑의 아름다움에 탄성이 저절로 난다.
　파리 어디에서나 볼 수 있는 에펠탑이지만 비르아켐 역과 파시Passy 역을 잇는 비르아켐 다리 위 6호선 지하철 안에서 보는 에펠탑이 가장 좋다.
　"와!" 뒤에 앉아 있던 젊은 여자의 탄성이 생기롭다.

　야속할 만큼 비르아켐 다리를 빠르게 달리는 지하철을 타고 약속 장소인 국립 프랑스 문화재 박물관Musée national des Monuments Français 입구에 도착했다. 오

늘의 저녁 일정은 파리 시내를 드라이브하는 것! 교통체증을 무척 싫어해서 웬만해서는 파리 시내에 차를 가지고 나오지 않는 에드워드의 뜻밖의 제안이다. 늘 그렇듯 느림보 에드워드는 아직 보이지 않는다. 그는 누구와 약속을 하든 기본 10분 이상은 늦는다. 그를 우두커니 기다리기 싫어 박물관 뒤 에펠탑의 전신이 시원스레 보이는 인권광장Parvis des Droits de l'Homme으로 천천히 걸어갔다.

1889년 건축 당시 도시 미관을 파괴하는 흉측한 철조물이란 악평을 받았던 에펠탑. 심지어 소설가 모파상Guy de Maupassant은 에펠탑이 보기 싫어서 파리에서 유일하게 에펠탑을 볼 수 없는 곳인 탑 안에 있는 식당에서 식사를 했다고 한다. 어쩌면 19세기말 사람들에게는 에펠탑의 지나치게 도시적이고 세련된 모습이 낯설었을지도 모르겠다. 로마의 콜로세오가 볼 때마다 매력이 배가되는 신비로움을 가지고 있다면, 파리의 에펠탑은 볼 때마다 처음 보는 듯한 신선한 매력이 있다.

한참 에펠탑의 매력에 빠져 있는데 에드워드에게 전화가 왔다. 전화를 받는 대신 약속장소로 뛰어가서 그의 차에 얼른 탔다. 차 밖에서 주위를 두리번거리며 전화를 하고 있는 꺼벙한 에드워드는 내가 이미 차 안에 들어온 사실을 한참이 지난 후에야 알아차리고 화들짝 놀란다.

"자, 그럼 파리 드라이브를 시작해볼까?"

우리는 트로카데로 광장에서 출발해서 개선문 앞을 지나 화려한 샹젤리제를 기분 좋게 달렸다. 콩코르드 광장을 돌아 튈르리 정원Jardin des Tuileries과 루브르 박물관Musée du Louvre을 지날 때쯤 거리의 가로등이 파리를 밝히기 시작한다. 불 켜진 파리의 거리는 무척 아름다웠다. 그렇게 센 강변을 따라 생루이 섬Ile Saint-Louis을 가로지르는 마리 다리Pont Marie와 투르넬 다리Pont de la Tournelle를 건넜다.

"노트르담 대성당Cathédrale Notre-Dame de Paris이다!" 조명을 받아 환하게 빛나는 노트르담 대성당에 감탄하자, 프랑스 사람 에드워드는 신이 났나 보다.

"밤에 보니까 더 운치 있지? 더 가까이 가볼까? 가까이에서 보면 더 멋져."

노트르담 대성당 옆에는 수많은 연인들이 사랑의 징표로 다리 난간에 자물쇠를 채워놓은 아르슈베세 다리Pont de l'Archevêché가 있다. 그 옆에서 빛나는 노트르담은 에드워드의 말대로 가까이서 보는 게 훨씬 더 아름답다.

그러고 보니 지난 번 파리 여행 때 탔던 바토무슈Bateaux-Mouches(센 강을 운행하는 유람선 이름)가 아르슈베세 다리를 지날 때 둔한 내 동생도 노트르담에 감탄했다. 내가 노트르담에 빠져 있는 사이, 에드워드는 뭐가 그리 좋은지 퐁네프Pont Neuf를 건너 리볼리 거리Rue de Rivoli를 싱글거리며 운전 중이다. 다시 루브르가 보이기 시작한다. 벌써 돌아가는 건가 했는데, 우회전을 한다. 잠시 후, 정면에서 뭔가 반짝인다.

파리의 오페라 하우스, 오페라 가르니에Opéra Garnier다. 이런 극치의 아름다움을 가진 건물에는 어떤 찬사를 보내야 할까? 파리의 밤, 오페라는 눈부시게 찬란하다. 가슴 한구석에 뭉쳐 있던 알 수 없는 응어리가 녹아내리는 듯한 느낌이랄까? 그 아름다움에 숨이 막혀 아무 말도 할 수 없었다. 내 표정을 곁눈질하는 에드워드의 얼굴에도 오페라의 아름다움이 녹아 있다.

오늘따라 교통체증이 없는 것을 아쉬워하며 에드워드는 방돔 광장Place Vendôme과 콩코르드 광장을 거쳐, 센 강변을 따라 달린다. 오른쪽으로는 센 강에서 가장 화려한 다리인 알렉상드르 3세 다리Pont Alexandre III가, 왼쪽으로는 앵발리드Les Invalides(1671년 루이 14세의 명으로, 부상병의 간호시설로 지은 역사적 건축물. 우리에게는 나폴레옹 1세의 무덤이 있는 곳으로 더 많이 알려져 있다)가 빛을 발하고 있다. 그리고 정면에는 오늘 밤 내내 우리를 쫓아다닌 에펠탑이 조금씩 가까워지고 있다. 낮에는 청순함을 가진 세련된 도시 처녀 같던 에펠이 늦은 밤, 숨겨놓았던 화려함을 발산하며 사람들을 유혹한다.

어릴 적부터 간직해온 나만의 비밀이 한 가지 있다. 달이 어둠 속에서 나를 쫓아다닌다는 사실이다. 오늘 내게는 새로운 비밀이 하나 더 생겼다. 파리에서는 에펠이 달님과 함께 나를 쫓는다.

우리는 도저히 거부할 수 없는 자태에 매료되어 에펠탑을 향해 말없이 달렸다. 그리고 바로 그 아래, 차 안에서 올려다본 에펠탑은 그 어디에서 보는 것보다 아름다웠다.

/ 에펠탑 Tour Eiffel

1889년 프랑스 혁명 100주년 기념으로 파리에서 열린 만국박람회의 출입문으로 건축된 탑이다. 높이 324미터의 에펠탑은 시내에 높은 건물이 없는 파리 시 어디에서나 그 자태를 볼 수 있다. 건축 당시 도시경관을 파괴하는 흉측한 철조물이라는 엄청난 혹평을 받기도 했는데, 현재는 파리를 대표하는 상징물로 세계적으로 유명한 탑이자 관광지로, 파리지앵의 자랑거리이다. 1층과 2층은 계단 또는 엘리베이터로 올라 갈 수 있고, 3층은 엘리베이터로만 올라갈 수 있다. 에펠탑을 방문할 때는 특히 소매치기를 조심해야 하며, 애완동물을 데리고 갈 수는 없다.

가는 법 지하철 6호선 비르아켐(Bir-Hakeim) 역
홈페이지 www.tour-eiffel.fr

/ 아르슈베셰 다리 Pont de l'Archevêché

노트르담 대성당 바로 우측에 있는 다리로 시테 섬(파리 4구)과 파리 5구를 연결한다. 1828년 지어진 돌다리로 다리의 아치가 너무 낮아 배가 지나다닐 때 위험할 수 있어 1910년에 다시 짓기로 결정을 했지만 아직도 공사를 개시하지 않았다. 2000년대 초반부터 유럽의 젊은이들 사이에서 유행하고 있는 일명 '사랑의 자물쇠'가 다리 난간에 가득 걸려 있어 관광객에게 볼거리를 제공한다. 사랑의 자물쇠란 연인들이 자물쇠에 서로의 이름을 쓰고 다리 난간에 채운 후, 열쇠는 강물에 던져 그들의 사랑이 영원하기를 비는 것으로 파리의 경우, 2010년부터 유행하기 시작했다. 아르슈베세 다리 외에도 예술의 다리에서도 볼 수 있다. 사랑의 자물쇠는 로마의 밀비오 다리(Ponte Milvio)의 경우 페데리코 모치아(Federico Moccia)의 소설 《너를 원해(Ho voglia di te)》에서 유래했는데 파리의 경우는 그 유래를 알 수 없다.

가는 법 지하철 10호선 모베르-뮈튀알리테(Maubert-Mutualité) 역

검은 고양이는 떠났어도, 아직 몽마르트르의 밤에는

Paris la nuit

"배고프지 않아?"

에펠탑의 매혹적인 자태에 정신이 팔려 배고픔도 잊고 있었다.

"이 시간까지 문을 연 곳이 있을까?"

"당연히 있지. 아니, 많지!"

"어디로 갈 건데?"

"저기 순교자들의 언덕Mont des Martyrs으로 갈 거야."

"몽Mont('산', '언덕'이라는 뜻의 프랑스어), 마르티르Martyrs('순교자들'이라는 뜻의 그리스어)? 혹시, 몽마르트르Montmartre 말하는 거야?"

부지런한 여행자였던 나는 지난번 여행 때 이른 아침부터 몽마르트르를 찾았다. 파리에 오면 제일 먼저 가고 싶었던 곳이었기 때문이다. 파리에서 가장 높은 언덕인 몽마르트르 꼭대기에 자리한 새하얀 사크레쾨르 대성당Basilique du Sacré-Cœur과 성당 앞 계단에서 내려다보이는 파리 시내의 파노라마, 그리고 그 무엇보다도 성당 뒷편의 테르트르 광장Place du Tertre에서 아침부터 그림을 그리는 가난한 화가들과 광장 옆 노르뱅 거리Rue Norvins의 예쁜 가게들이 아

직도 싱그러운 기억으로 남아 있다.

그래서 이곳에 다시 오자마자 바로 몽마르트르부터 찾았다. 이번엔 느지막이 브런치를 먹고 몽마르트르로 향했다. 지하철 2호선 앙베르^{Anvers} 역에서 내리자 사크레쾨르 대성당이 좁은 언덕길 사이로 새하얀 모습을 드러낸다. 반가운 마음에 언덕으로 달려갔는데 입구에서부터 숨이 턱 막히고 말았다. 길 양편을 가득 메운 기념품 가게의 조잡한 물건과 그 길을 가득 채운 관광객들, 거기에 좁은 언덕길 한가운데서는 몇몇 사람들이 야바위를 치고 있었다. 호기심에 잠깐 구경을 하는 동안, 한 한국 남자는 영문도 모른 채 50유로를 뺏겼고, 한 일본 여자는 뺏긴 50유로를 다시 달라고 하다가 50유로를 더 빼앗기고 말았다. 아마 그녀가 뺏긴 100유로를 달라고 계속 졸랐다면, 1분 후에는 50유로를 더 뺏겼을지도 모른다. 몽마르트르의 야바위꾼은 탁월한 수완을 가진 최악의 도둑이다. 씁쓸한 마음으로 서둘러 자리를 떠났다.

사크레쾨르 대성당은 아무리 많은 관광객에 둘러싸여 있어도 엄숙함을 잃지 않았다. 비잔틴 양식으로 지어진 멋진 건축물을 둘러보며 야바위꾼 때문에 화난 마음을 달랬다. 대성당 앞으로 펼쳐지는 파리의 파노라마는 보는 둥 마는 둥 하고 기억 속 싱그러운 광장을 떠올리며 테르트르 광장으로 향했다 (사실, 파리의 전경은 에펠탑이나 몽파르나스 건물, 파리 19구의 뷔트 쇼몽 공원에서 보는 편이 훨씬 아름답다).

'지난번에 봤던 화가가 여진히 같은 곳에서 그림을 그리고 있지는 않을까? 만약 다시 만나게 되면, 이번에는 꼭 그의 그림을 사야지' 하고 마음먹으며 발걸음을 재촉했다. 광장은 관광객들로 발 디딜 틈이 없었다. 광장을 둘러볼 엄두조차 나지 않았다. 이른 아침이 아닌 한낮의 몽마르트는 정신을 차리기 힘들 정도로 산만했다. 지난 여행에서의 싱그러운 추억은 저 멀리 사라지고 그저 이곳에서 빨리 벗어나고 싶은 마음뿐이었다.

우선 조용한 골목을 찾았다. 노르뱅 거리를 조금 벗어나자 그 많았던 관광객들은 순식간에 사라졌다. 조용한 주택가이자 작은 포도밭(몽마르트르는 16세기 파리의 유명한 와인 산지이기도 했다. 아직 남아 있는 작은 포도밭에서는 소규모지만 와인을 생산하고 있다)이 있는 내리막길이 평화롭다. 그런데 잠시 후, 다시 관광객들이 등장했다. 나처럼 광장의 혼잡을 피해 온 사람들인가 했는데, 모퉁이에 있는 집 앞을 맴돌며 사진을 찍고 있는 걸로 봐서 일부러 그곳을 찾은 듯했다.

'대체 뭐하는 곳일까?' 조심스럽게 사람들이 있는 곳으로 가보았다.

"우와!" 오 라팽 아질Au Lapin Agile이다! 한때 로트렉Henri de Toulouse Lautrec의 그림을 무척 좋아했기에 그의 단골집이었던 이곳에 꼭 와보고 싶었다. 이곳을 이렇게 우연히 발견하게 될 줄이야! 오 라팽 아질의 작은 마당에 있는 나무 벤치, 혹시 100년 전 키 작은 로트렉이 앉았던 벤치일지도 모른다는 생각에 벤치를 쓰다듬으며 한 무리의 관광객이 떠날 때까지 앉아 있었다.

오 라팽 아질을 뒤로하고 내리막길을 내려오며 짧은 산책을 즐겼다. 한낮의 몽마르트르는 사크레쾨르 대성당도 테르트르 광장도 아닌, 조용한 주택가인 생 뱅상 길Rue Saint Vincent에서의 산책이 가장 상쾌하다.

며칠 전 몽마르트르에 다녀온 이야기를 하는 동안, 벌써 몽마르트르에 도착했다. 언덕 밑에 차를 세우고 희미한 가로등 밑 몽마르트르의 언덕길을 걸었다. 하얀 달빛 아래, 검은 고양이 한 마리가 몽마르트르의 주택가를 천천히 걷고 있다.

"어? 검은 고양이Chat Noir! 아직도 몽마르트에 있었네!"

"그러게, 물고기 잡으러 바다로 간 줄 알았는데."

우리는 예전에 몽마르트에 있었던 르 샤 누아르Le Chat Noir로 말장난을 하며

검은 고양이를 따라 걸었다. 르 샤 누아르는 1881년에 몽마르트르에 문을 연 최초의 카바레cabaret로 당시 시대를 앞서가는 예술가들의 아지트이자, 19세기 보헤미아니즘Bohème의 상징인 곳이다.

습한 밤공기가 자욱한 몽마르트르의 언덕길은 파리라는 도시의 이미지와 잘 맞아떨어진다. 검은 고양이는 언덕 위에서 노란 눈을 반짝이며 우리를 잠깐 뒤돌아보더니 어디론가 사라져버렸다. 몽마르트르의 검은 고양이는 밤의 자유를 찾아 떠나고, 우린 가로등 불빛이 희미한 붉은 천막 아래 앉았다.

작은 레스토랑의 붉은 천막 아래 마련된 오픈 테라스, 동그란 테이블 위의 붉은 와인 두 잔이 가로등 밑에서 깊은 색을 발한다. 늦은 밤 잔잔하게 이는 바람과 바람을 타고 스치는 와인의 붉은 향기. 몽마르트르의 밤에는 우리가 상상하는 모든 낭만이 있다.

/ 몽마르트르 언덕 Montmartre

서기 272년 경, 이 언덕 부근에서 파리 최초의 주교이자 프랑스의 수호성인인 '성 드니'와 두 명의 사제가 순교했다. 몽마르트르라는 지명은 '순교자의 언덕(Mont des Martyrs)'에서 유래했다. 원래 몽마르트르는 파리 교외의 농지로, 포도밭으로 유명했다. 그 포도밭의 흔적은 아직도 소규모로 남아 있다. 몽마르트르가 현재 파리의 대표적인 유흥가로 바뀐 이유 중 하나는 이곳이 원래 와인 산지였기 때문이기도 하다.

몽마르트르에 예술가들이 모여들기 시작한 것은 19세기 중반부터로 당시 도시계획으로 급격하게 도시화가 진행되자 그때까지만 해도 전원의 모습이 남아 있던 몽마르트르에 예술가들이 모인 것이다. 당시 예술가들은 몽마르트르의 싸구려 아파트에서 기거하며 몽마르트르의 전원 풍경과 유흥가의 풍경을 화폭에 담았다. 이후 몽마르트르는 파리의 대표적인 예술가 마을이자 유흥가로 유명해졌다. 몽마르트르는 파리의 사랑스러운 모습을 보여주는 무척 낭만적인 곳이지만 치안이 좋지 않은 우범지구이기도 하다. 이곳을 방문할 때는 소매치기를 조심하고 늦은 밤 여자 혼자 가는 것은 피하는 게 좋다.

가는 법 지하철 12호선 아베스(Abbesses) 역, 피갈(Pigalle) 역 또는 2호선 블랑슈(Blanche) 역, 피갈(Pigalle) 역, 앙베르(Anvers) 역

/ 사크레쾨르 대성당 Basilique du Sacré-Cœur

파리 18구 몽마르트르 언덕 위에 자리한 비잔틴 양식의 대성당으로 1877년에 착공을 시작해 1914년에 완공되었다. 프랑스가 1870년 7월부터 1871년 5월까지 프로이센과 벌인 전쟁(Guerre franco-allemande de 1870)에서 패배한 후, 침체된 파리 시민의 사기를 진작시키기 위해 성금을 모아 지은 성당이다. '사크레쾨르'란 '성심(聖心)'을 의미하는 프랑스어로 우리나라에서는 '예수 성심 성당'이라 부르기도 한다. 파리에서 가장 높은 몽마르트르 언덕 꼭대기에 위치한 새하얀 사크레쾨르 대성당에는 일 년 열두 달 세계 각지에서 모여든 순례자와 여행자들의 발걸음이 끊이지 않는다.

가는 법	지하철 12호선 아베스(Abbesses) 역
주소	35, rue du Chevalier de la Barre, 75018 Paris
시간표	6:00~22:30
홈페이지	www.sacre-coeur-montmartre.com

/ 노르뱅 거리 Rue Norvins

몽마르트르의 사크레쾨르 대성당 뒤편, 예술가들이 모이는 테르트르 광장과 연결되는 상점가이다. 기념품 가게, 예쁜 레스토랑과 커피숍이 밀집해 있어 항상 여행자들로 북적인다.

가는 법 지하철 12호선 아베스(Abbesses) 역

/ 생 뱅상 거리 Rue Saint Vincent

몽마르트르의 조용한 주택가 거리로, 아직 남아 있는 소규모 포도밭을 볼 수 있다. 유명한 프랑스식 선술집 오 라팽 아질도 이 골목 모퉁이에 있다.

가는 법 지하철 12호선 라마르크-콜랭쿠르(Lamarck-Caulaincourt) 역

/ 오 라팽 아질 Au Lapin Agile

19세기말부터 영업을 시작한 오래된 프랑스식 선술집. 피카소, 고흐, 로트렉, 모딜리아니 같은 유명한 예술가들이 단골로 드나들었던 곳으로 가게 외벽에 화가 앙드레 질이 그린 〈날쌘 토끼〉가 유명하다.

주소 22, rue des Saules, 75018 Paris
전화번호 +33 01 46 06 85 87
영업시간 21:00~01:00 **휴무** 월요일
가는 법 지하철 12호선 라마르크-콜랭쿠르(Lamarck-Caulaincourt) 역
홈페이지 www.au-lapin-agile.com

/ 르 샤 누아르 Le Chat Noir

1881년 몽마르트르에 문을 연 최초의 극장식 카바레로, 당시 시대를 앞서가는 예술가들의 아지트이자 19세기 보헤미아니즘(Bohème)의 상징이기도 했다. 폐점을 한 1897년까지 작곡가 드뷔시(Debussy), 에릭 사티(Erik Satie), 로트렉(Toulouse Lautrec)의 그림에 자주 등장하는 가수이자 배우 이베트 질베르(Yvette Guilbert), 랭보(Rimbaud)의 동성연인이었던 시인 폴 베를렌(Paul Verlaine), 프랑스 애니메이션의 창시자 에밀 콜(Emile Cohl) 등이 단골로 드나들었다. 파리의 기념품 가게에서 쉽게 볼 수 있는, 테오필알렉상드르 스타인렌(Théophile-Alexandre Steinlen)이 그린 〈검은 고양이〉 그림은 이곳의 포스터였다.

주소 68, boulevard de Clichy, 75018 Paris

루브르와 오르세의 창문

Paris la nuit

　박물관 앞에 끝도 없이 서 있는 긴 줄에도 기겁했지만 제대로 보려면 한 달은 걸린다는 말에 지레 겁을 집어먹고 입장을 포기했던 루브르 박물관^{Musée du Louvre}. 이번에는 여유 있는 일정으로 파리에 왔으니 느긋하게 가보기로 마음먹었다.

　"잘됐다. 나도 수업에 쓸 자료사진 찍으러 가야 하는데. 낮에는 관광객이 많으니까 저녁에 가자."

　루브르의 유명한 피라미드 앞에서 저녁 6시 30분에 만나기로 에드워드와 약속했다(루브르 박물관은 수요일과 금요일에는 밤 9시 45분에 문을 닫는다). 약속 시간보다 조금 이른 6시 15분, 궁전 앞뜰을 노랗게 수놓은 가로등과 화려한 루브르 궁전 한복판에서 피라미드가 빛나고 있다. 낮에 보는 차가운 느낌의 유리 피라미드와는 사뭇 다른 따스함이 느껴진다. 수업을 마치고 루브르로 달려온 에드워드도 이번에는 늦지 않게 도착했다. 세계 3대 박물관에 속하는 루브르는 낮 시간만큼은 아니지만, 저녁에도 여전히 줄을 서서 기다려야 했다. 우리는 피라미드 입구에 있는 소지품 검사대를 지나 입장권을 구입하고 우선 샌드위치로 저녁을 때웠다.

나는 다른 어떤 작품보다 다 빈치Leonardo da Vinci의 〈모나리자Mona Lisa(이탈리아어로 라 지오콘다La Gioconda, 프랑스어로 라 조콩드La Joconde라고도 한다)〉부터 보고 싶었다. 마침 에드워드도 이탈리아의 르네상스 회화 자료사진이 필요한 터라 사이좋게 드농관Denon으로 입장했다. 루브르 박물관은 드농관, 쉴리관Sully, 리슐리외관Richelieu으로 입구를 나누어 취향에 따라 보고 싶은 작품을 쉽게 찾을 수 있도록 설계되어 있다. 주요 작품의 위치 안내도(한국어판)는 박물관 지하 중앙안내소에서 받을 수 있다.

역시 루브르 하면 처음 떠오르는 작품인 〈모나리자〉와 루브르의 대표적인 소장품인 이탈리아 르네상스 회화 작품이 있는 전시관이라 늦은 시간에도 사람들로 가득했다. 만약 이곳에 있는 작품 하나하나를 제대로 감상한다면 한 달은커녕 루브르만 반년은 봐야 되지 않을까 싶은 정도로 커다란 전시실에 셀 수 없이 많은 작품들이 빼곡하게 들어 있었다.

입장과 동시에 박물관의 엄청난 규모에 놀라고, 예상보다 훨씬 많은 관광객에 놀랐다. 그 다음으로 전시된 작품들에 놀라기 시작했다. 하지만 그것도 잠시, 너무 많은 사람에게 지치고 수많은 작품들 중에 무엇부터 어떻게 봐야 할지 막막했다. 하나하나 보면 감동할 수 있는 대단한 작품들이지만 수많은 작품들이 한꺼번에 있으니 그 가치를 잃어버리는 듯해 아쉽다. 처음에는 천천히 작품을 감상했지만 나중에는 빨리 지나가며 곁눈질로 작품들을 보았다. 안 그러면 〈모나리자〉도 못 보고 갈 수도 있을 것 같았기 때문이다.

긴 복도 전시관과 연결된 또 다른 전시실 입구. 지나치게 큰 전시 규모에 어리둥절해 있는 내 뒤에서 에드워드가 갑자기 손으로 내 눈을 가렸다.

"〈모나리자〉가 여기 있는 거야?" 기대에 차서 물었다. 그는 웃으면서 내 눈을 풀어주었다. 전시실 안쪽의 작은 액자 앞에 사람들이 몰려 있다. 분명 〈모나리자〉다! 전시실 입구에서 본 〈모나리자〉는 그저 '아주' 작았다. 〈모나리자〉는 보는 각도에 따라 표정이 달라질 뿐만 아니라, 모나리자의 신비한 시선이 계속해서 보는 이를 따라다니기 때문에 여러 각도에서 감상해야 한다는 이야기를 들은 적이 있다. 나도 각도를 달리하며 감상하고 싶었지만 이 많은 사람들을 밀쳐내며 180도를 움직일 만한 체력도 체면도 없었다. 에드워드는 정신이 없다고 투덜대더니 급기야 짜증을 내며 아예 뒤쪽으로 물러섰다. 그래도 나는 사람들 사이에 끼어서 처음 보는 진짜 〈모나리자〉의 오묘한 미소를 보기는 봤다. 〈모나리자〉를 감상하고, 아니 확인하고 돌아서는 발걸음이 마냥 아쉽다.

예전에 바티칸 박물관에서 〈시스티나 예배당의 천장화Volta della Cappella Sistina〉를 봤을 때가 떠오른다. 그곳에는 지금보다 사람들이 수십 배는 더 많았다. 물론 작품의 스케일도 다르고 천장과 벽이라는 전시 위치도 다르지만 그곳에 있는 사람들은 모두 작품을 충분히 감상했다. 그때 시스티나 예배당을 나오며 '죽기 전에 꼭 봐야할 작품'이라고 감탄했다. 반면 〈모나리자〉는 '죽기 전에 제대로 감상할 수 있을지 궁금한 작품'이라는 생각이 들었다.

계속되는 대단한 작품들의 향연을 인파에 둘러싸여 보았다. 그리고 보니 아까부터 안내 방송이 계속되고 있었다. 들으나마나 '폐관 시간 안내나, 사진을 찍지 말아 달라'는 주의 정도일거라고 생각했는데(루브르 박물관은 플래시를 사용하지 않으면 사진 촬영이 가능하다), 신경을 쓰고 들으니 '소매치기를 조심하라'는 내용이었다. 이런! 루브르 박물관의 안내 방송이 '소매치기가 극성을 부리니 가방 단속을 잘하세요'라니! 루브르의 귀중한 소장품과도, 화려하고 멋진 루브르 궁전과도 어울리지 않는 안내 방송이다. 실망스러운 건 방송만이 아니었다. 유모차에서 자고 있는 갓난아기부터, 이제 겨우 걸음을 뗀 유아, 전시실 벤치가 놀이터인 줄 아는 꼬맹이들, 가이드를 놓칠세라 급급한 단체 관광객으로 박물관 안은 정신이 하나도 없었다. 어느 박물관에서도 본 적

이 없는 낯선 산만함이다. '자유, 평등, 박애'라는 프랑스의 국가 슬로건 아래, 국립 박물관의 입장객에 연령이나 인원 제한을 둘 수는 없겠지만 아무래도 이건 아닌 것 같다. 아무리 걸어도 끝이 없는 전시실의 복도를 그만 벗어나고 싶은데 어디로 나가야 하는 건지, 출구도 찾기 힘들다. 한참을 박물관 안에서 헤매다 보니 허기까지 느껴졌다.

그렇게 슬슬 짜증이 나기 시작할 무렵, 눈앞에 펼쳐진 작품 하나가 걸음을 멈추게 만들었다. 그 앞에는 복잡한 인파도, 전시실을 뛰어 다니는 개구쟁이도 없었다. 검은색을 배경으로 두고 한가운데에서 피라미드가 따뜻하게 빛나고 있었다. 루브르의 유리창 너머로 보이는 '늦은 밤 루브르 앞뜰의 빛나는 파라미드'였다. 루브르가 소장하고 있는 보석 같은 작품 중에서 가장 마음에 와 닿았던 작품, 유리창 너머로 보이는 피라미드는 루브르가 소장하고 있는 최고의 걸작이었다. 아마도 언젠가 이 루브르의 최고 걸작을 보기 위해, 해가 지기를 기다렸다가 밤이 되면 다시 이곳을 방문하게 될 것 같은 예감이 들었다.

며칠 후 저녁에 루브르를 다시 찾았다. 이번에는 루브르의 또 다른 자랑인 이집트관(쉴리관 0층)부터 출발했다. 이집트관과 이탈리아 르네상스 회화관은 일정이 빠듯한 단체 관광객들도 놓치지 않고 들르는 곳이라 여전히 사람들로 넘쳐났다. 반면 프랑스 회화관(쉴리관 2층)과 기타 유럽국가 회화관(리슐리외관 2층)을 찾는 관광객은 많지 않았다. 이번에는 천천히 작품을 감상하면서 루브르가 단순히 작품의 수 때문에 소문난 박물관이 아니라는 걸 느껴보았다. 그리고 전시관을 옮길 때마다 나타나는 루브르 최고의 소장품 '유리창 너머로 빛나는 루브르의 피라미드'에 또 한번 감탄했다.

루브르를 다녀온 지 얼마 되지 않은 어느 날, 에드워드가 그의 어머니 친구분이 소장하고 있던 인상파 화가의 작품을 오르세 미술관Musée d'Orsay에서 특별 전시한다며 함께 보러 가자고 했다.

예전 기차역으로 사용되었던 건물답게 환한 실내와 둥근 유리 천장이 인상적이다. 오르세 건물은 원래 1900년 파리 엑스포 개최를 맞아 건설한, 프랑스 남서부행 원거리 열차를 운행하는 기차역이었다. 하지만 운행하는 기차에 비해 역사가 좁고 불편해서 1939년부터 단거리 열차만을 운행하면서 역의 규모가 대폭 축소되었다. 그 후로 오르세 건물의 사용 용도를 두고 논의가 계속되었는데 한때 건물을 철거하자는 의견도 있었다고 한다. 그러다 1970년에 프랑스 정부가 건물의 보존 방법을 적극적으로 검토하고 나서서 1978년 데스탱Giscard d'Estaing 대통령의 결정에 따라 1986년 지금의 오르세 미술관이 탄생하게 되었다.

나는 전시관 입구부터 밀레Jean-François Millet의 〈이삭 줍는 여인들Les Glaneuses〉, 〈만종L'Angélus〉에 흥분했다. 세잔Paul Cézanne의 〈카드놀이하는 사람들Les Joueurs de cartes〉에 감탄했고, 르느와르Pierre-Auguste Renoir의 〈물랭 드 라 갈레트의 무도회Bal du moulin de la Galette〉와 마네Édouard Manet의 〈풀밭 위의 점심 식사Le Déjeuner sur l'herbe〉를 볼 때쯤은 감동이 절정에 다다른 상태였다. 19세기말의 그림, 특히 인상파 화가의 작품을 좋아하는 내게 오르세 미술관이 마치 나만을 위해 그림을 모아놓은 것 같은 착각이 들 정도였다.

자꾸만 벌어지는 입을 손으로 막고 서서, 작품 하나하나에 감동하고 있는데, 내 옆의 남자는 무척 지루해 보인다. 그는 인상파는 물론 19세기의 작품들을 그다지 좋아하지 않는 듯하다. 에드워드는 어머니 친구의 소장품 전시를 확인한 후부터는 작품을 감상하는 게 아니라 내 뒤를 그냥 따라다니는 듯

했다. 다음에 혼자 와야겠다고 생각하고 작품 감상의 속도를 올리며 2층 전시관으로 향하는 계단을 오를 때였다.

이번에는 에드워드가 "헉!" 하는 소리와 함께 입을 막고 멈춰 섰다. 그를 따라 선 나도 입을 벌리며 감탄하고 말았다. 계단 정면 유리창 너머로 보이는 늦은 밤 파리의 야경이다. 우리는 창가로 다가가 오르세의 가장 아름다운 소장품 〈유리창 너머의 야경〉을 감상했다. 에드워드는 아무 말 없이 빛나는 눈빛과 잔잔한 미소로 감동을 표현했다. 아마 나의 표정도 그와 비슷했을 것이다. 루브르와 오르세에는 밤에만 볼 수 있는 마법 같은 걸작이 숨겨져 있다.

루브르 박물관 Musée du Louvre

12세기 후반 필립 2세(Philippe II)의 명으로 착공된 루브르 궁전(Palais du Louvre)은 수차례의 확장 공사를 거쳐 현재의 모습을 갖게 되었다. 1672년 루이 14세(Louis XIV)가 베르사유 궁전(Château de Versailles)으로 거주를 결정하면서 루브르 궁전을 왕실 수집품을 전시하는 용도로 쓰도록 했다. 루브르가 정식 박물관으로서 전시를 개시한 것은 1793년의 회화전으로, 당시 전시된 작품들은 몰락한 귀족과 교회의 수집품이었다. 나폴레옹 통치 시기에는 '나폴레옹 박물관(Musée Napoléon)'이라는 이름으로 개명되기도 했다. 시대를 거듭하며 박물관의 규모와 소장품이 늘어나서 현재는 세계 3대 박물관 안에 들어가는, 프랑스를 대표하는 국립박물관이 되었다.

주소	Musée du Louvre, 75001 Paris
전화번호	+33 01 40 20 50 50
시간표	월·목·토·일요일 9:00~18:00, 수·금요일 9:00~21:45
휴관	화요일, 1월 1일, 5월 1일, 12월 25일
가는 법	지하철 1호선 루브르–리볼리(Louvre-Rivoli) 역, 팔레 루아얄–뮈제 뒤 루브르(Palais Royal-Musée du Louvre) 역 또는 7호선 팔레 루아얄–뮈제 뒤 루브르(Palais Royal-Musée du Louvre) 역
입장료	11€(상설전), 12€(상설전+나폴레옹 기획전), 무료(18세 미만, 매주 금요일 18:00 이후 입장하는 26세 미만, 매월 첫째 일요일, 7월 14일은 누구에게나 무료. 단 무료 입장 시는 나폴레옹 기획전을 볼 수 없음)
홈페이지	www.louvre.fr

/ 오르세 미술관 Musée d'Orsay

현재 오르세 미술관으로 사용하고 있는 오르세 건물은 1900년 파리 만국박람회 개최를 맞아 건설한, 프랑스 남서부 지방행 원거리 열차를 운행하는 기차역이었다. 1986년 지금의 오르세 미술관으로 재탄생하게 되었는데, 건물 내부는 이탈리아의 유명한 건축가 가에 아울렌티(Gae Aulenti)에 의해 미술관 용도에 맞게 개조되었으나 중앙홀은 예전 기차역의 모습을 그대로 보존하고 있다. 오르세 미술관은 예외는 있으나 원칙으로 1848년 프랑스 2월 혁명(Révolution de 1848)부터 제1차 세계대전이 발발한 1914년까지의 작품을 전시하며, 그 전의 작품은 루브르 박물관, 그 후의 작품은 퐁피두 센터(Centre national d'art et de culture Georges Pompidou)에 나누어 전시한다.

주소	5, quai Anatole France, 75007 Paris
전화번호	+33 01 40 49 48 14
시간료	9:30~18:00, 목요일 9:30~21:45　휴관　월요일
가는 법	지하철 12호선 솔페리노(Solférino) 역, RER C선 뮈제 도르세(Musée d'Orsay) 역
입장료	9€(상설전), 12€(상설전+특별전), 6,50€(18~25세가 16:30 이후 입장 시, 목요일은 18:00 이후 입장 시), 무료(18세 미만, 파리 박물관 패스 소지자, 장애인과 동반하는 안내인 등. 매월 첫째 일요일은 누구에게나 무료)
홈페이지	www.musee-orsay.fr

Paris le jouda ♡

파리의 낮, 나 홀로 즐기기

박물관 마니아
파리에 비가 내리면 길모퉁이 서점으로
눈이 부시게 푸르른 날은 파리의 공원이 그립다
파리의 달팽이꼴 20구 방문하기

박물관 마니아

Paris le jour

언덕배기의 허름한 집. 흐리고 쌀쌀한 날 일부러 찾아갔다가 실망하고 돌아왔던 그 집. 비오는 아침에 '구수한 부침개 한 장 먹었으면 좋겠다' 싶다가 그 집이 떠올랐다. 그러고 보니 어릴 적 자주 놀러갔던 이모네 집과 닮아서 일지도 모르겠다. 오동나무가 여러 그루 있어서 동네 사람들이 '오동나무 집'이라 부르던 언덕배기의 마당이 깊은 이모네 집. 넉넉지 않은 살림을 살던 이모는 내가 갈 때면 묵은지를 설렁설렁 씻어 큼직한 김치전을 부쳐주었다. 며칠 전 다녀왔던 그 집, 그 남자가 살았던 집에 가면 그때의 기억과 따뜻한 느낌을 다시 만날 수 있을 것 같다. 오동나무 뒤편의 야트막한 담장 너머로 보이던 서울 변두리의 초라한 풍경과 툇마루에 앉아서 듣던 사춘기 꼬마 사촌언니의 괜스레 우울했던 이야기들, 그런 기억 속 푸근함을 느낄 수 있을 것만 같다. 나는 부침개 대신 설탕을 잔뜩 뿌린 크레이프를 넉넉히 싸서 그 집을 다시 찾았다.

그 남자가 살던 집은 파리 16구의 조용한 주택가에 있다. 습기를 먹어 얼룩진 회색 시멘트벽에 '발자크의 집 Maison de Balzac'이란 글자가 붙어 있다. 이곳은 사실주의 문학의 거장 오노레 드 발자크 Honoré de Balzac가 살았던 집이다. 20

대 중반에 인쇄사업에 실패하고 평생 빚쟁이들에게 쫓기며 산 발자크는 유명세에 비해 소박한 집에서 살았다.

시멘트 외벽 옆에 달린 파란 대문으로 들어서면 기다란 계단이 마당으로 곧장 연결된다. 사람 손을 탄 지 오래되어 보이는 잔디 위에 밑동만 남은 아름드리 나무가 있다. 파리의 어느 박물관에서도 볼 수 없는 정돈되지 않은 모습이다. 며칠 전에 이미 둘러보았지만 비도 피할 겸 다시 건물 안으로 들어갔다. 내부는 아주 천천히 둘러봐도 30분이면 충분하다. 발자크가 밤새워 글을 썼던 어둑한 방을 다시 찬찬히 살펴보았다. 그가 사용했던 책상 뒤편에 놓인 발자크의 상반신 동상의 표정은 작업실만큼이나 어둡다. 어머니의 사랑을 받지 못한 유년 시절과 16세부터 파리의 기숙학교에서 고독한 사춘기를 보낸 뒤 20대 중반부터 평생 빚 독촉에 시달렸던 그의 표정이 밝았을 리 없다.

발자크의 방에서 나와 그의 작품 속에 등장하는 인물들을 묘사한 그림을 하나하나 천천히 들여다보았다. 50년이라는 길지 않은 삶에 100여 편이 넘는 작품을 남긴 발자크의 글 속에는 등장인물도 작품 수만큼 많지만, 전시실의 그림을 모두 보는 데 많은 시간이 걸리지는 않았다. 좁은 전시실에서 최대한 시간을 보내고 다시 마당으로 나왔다. 아침부터 흐리던 날씨는 어느새 맑게 개어 햇살을 뿌리고 있다. 뒷마당의 벤치에 앉으니 낮은 담 너머로 파리의 조용한 주택가가 보인다. 그 풍경 뒤편에는 에펠탑이 상반신을 드러내고 있다.

집에서 가져온 크레이프를 꺼내 한입 베어 물었다. 마치 친한 글쟁이 친구 집에 놀러온 것처럼 편하다. 가진 것 없는 친구는 대문을 잠그지도 않고 외출했고, 난 친구가 집에 없는 것도 모르고 무작정 그의 집에 들렀다. 친구가 외출하고 없다는 걸 알면서도 언제 돌아올지 모르는 친구를 마당에서 기다리고 있다가 친구가 너무 늦으면 '나, 왔다 간다!' 메모 한 장 남기고 집에 가도 상관없을 듯 편안한 느낌이다.

발자크의 절친한 친구였던 빅토르 위고Victor Hugo도 알렉산드르 뒤마Alexandre Dumas도 지금 이 마당에서 빚쟁이를 피해 도망간 그를 무작정 기다리지는 않았을까?

박물관이 폐관되기 직전, 자리를 털고 일어나며 다음에 또 다시 와야겠다고 마음먹었다. 다음에 올 때는 발자크의 소설 한 권과 그가 좋아했다는 커피를 보온병에 담아 와야겠다. "저녁을 먹고 나면 허물없이 찾아가 차 한 잔을 마시고 싶다고 말할 수 있는 친구가 있었으면 좋겠다"는 시 구절처럼 아무 때나 허물없이 찾아가 맘껏 쉬었다 올 수 있는 친구 같은 박물관이 있었으면 좋겠다. 파리에는 내가 꿈꾸던 그런 박물관, 발자크의 집이 있다.

파리 여행 정보 6
여유가 있는 파리의 박물관

하루를 다 써도 시간이 모자라는 대형 박물관은 이제 그만! 전시물을 둘러본 다음, 앉아서 쉴 곳을 찾아 두리번거려야 하는 박물관도 이제 그만! 편하게 둘러보고 마음껏 쉬었다 올 수 있는 박물관, '여유'를 찾을 수 있는 편안한 파리의 박물관들을 소개한다.

발자크의 집 Maison de Balzac

《고리오 영감(Le père Goriot)》, 《골짜기의 백합(Le lys dans la vallée)》 등의 작품으로 유명한 프랑스 소설가 오노레 드 발자크가 1940년부터 7년간 채권자들을 피해 살았던 집을 2002년에 파리 시가 인수하여 박물관으로 운영하고 있다. 소규모 전시물과 박물관 내부, 손질하지 않은 듯한 마당이 정겨운 곳이다. 햇살 좋은 날 뒷마당 벤치에서 에펠탑을 바라보며 파리에서의 푸근한 한때를 즐겨보자.

- **주소** 47, rue Raynouard, 75016 Paris
- **교통** 6호선 파시(Passy) 역, 또는 RER C선 불랭빌리에(Boulainvilliers) 역
- **전화번호** +33 01 55 74 41 80
- **개관 시간** 화요일~일요일 10:00~18:00   **휴관** 월요일
- **홈페이지** www.balzac.paris.fr(영어, 스페인어 지원)

마르모탕 모네 미술관 Musée Marmottan Monet

클로드 모네(Claude Monet)의 희뿌연 그림을 좋아해서 찾은 곳이다. 다소 비싼 입장료(10유로)와 지나치게 많은 경비원이 조금은 불편했지만 여러 편의 오리지널 작품을 볼 수 있어 좋다. 또한 생각지도 않았던 구스타브 카유보트(Gustave Caillebotte)의 〈비 오는 파리의 거리(Rue de Paris, temps de pluie)〉가 반가운 곳이기도 하다. 관람을 마친 후에는 박물관 바로 앞의 넓은 라넬리 정원(Jardins du Ranelagh)이나 박물관 뒤편으로 바로 보이는 작은 광장(Square des écrivains combattants morts pour la France)에서 휴식을 추천한다. 텅 빈 광장은 항상 조용해 독서를 하거나 낮잠을 자기에도 그만이다. 혼자 있는 게 싫증이 나면 광장 뒤편 산책로를 걷는 것도 좋다.

주소	2, rue Louis Boilly, 75016 Paris
교통	9호선 라 뮈에트(La Muette) 역, 또는 RER C선 불랭빌리에(Boulainvilliers) 역
전화번호	+33 01 44 96 50 33
개관 시간	화요일~일요일 10:00~18:00, 목요일 10:00~20:00
휴관	월요일, 1월 1일, 5월 1일, 12월 25일
홈페이지	www.marmottan.fr(영어 지원)

니심 드 카몽도 박물관 Musée Nissim de Camondo

부유한 유대인 출신 금융가 카몽도(Camondo) 백작이 살았던 곳으로, 19~20세기 파리에 살았던 부르주아의 살림살이를 엿볼 수 있다. 우아한 가구와 예술품으로 치장한 집안 구석구석을 실컷 구경한 다음, 박물관과 바로 연결된 아름다운 몽소 공원(Parc Monceau)에서 휴식을 취해보자.

주소	63, rue de Monceau, 75008 Paris
교통	2호선 몽소(Monceau) 역, 빌리에(Villiers) 역 또는 3호선 빌리에(Villiers) 역
전화번호	+33 01 53 89 06 40
개관 시간	수요일~일요일 10:00~17:30
휴관	월요일, 화요일
홈페이지	www.lesartsdecoratifs.fr(영어 지원)

파리 시립 근대미술관 Musée d'art moderne de la ville de Paris

2010년 피카소의 그림을 포함한 5편의 작품을 도난당해 세계적으로 화제가 되었던 이곳은 피카소(Pablo Picasso), 마티스(Henri Matisse), 뒤피(Raoul Dufy) 등의 20세기 미술작품을 전시한다. 미술관 바로 옆 팔레 드 도쿄(Palais de Tokyo)의 센 강이 내려다보이는 테라스에 앉으면, 서울 광화문의 단골 커피숍 테라스가 떠오르곤 한다. 그만큼 편안하고 기분 좋은 곳이다.

- **주소** 11, avenue du Président Wilson, 75116 Paris
- **교통** 9호선 이에나(Iéna) 역, 알마-마르소(Alma-Marceau) 역
- **전화번호** +33 01 53 67 40 00
- **개관 시간** 화요일~일요일 10:00~18:00, 목요일 10:00~22:00   **휴관** 월요일
- **홈페이지** www.mam.paris.fr (영어 지원)

국립 고문서 박물관 Musée des archives nationales

화려한 수비즈 저택(Hôtel de Soubise) 안에 있는 국립 고문서 박물관은 뒤뜰이 무척 아름답다. 조용한 뒤뜰의 나무 그늘 아래에서 도시락을 먹으며 마음 맞는 친구와 이야기를 나누면 얼마나 좋을까? 박물관 뒤뜰 후미진 곳에서 그리운 친구들에게 엽서를 쓰며 파리에서의 평화로운 시간을 즐겨보자.

주소	60, rue des Francs Bourgeois, 75004 Paris
교통	11호선 랑뷔토(Rambuteau) 역
전화번호	+33 01 40 27 60 96
개관 시간	월요일~목요일 10:00~17:30 금요일~일요일 14:00~17:30
휴관	화요일
홈페이지	www.archivesnationales.culture.gouv.fr

몽마르트르 박물관 Musée de Montmartre

몽마르트르의 한적한 뒷골목을 헤매다 발견한 보물 같은 곳이다. 몽마르트르를 거쳐 간 예술가들의 작품과 그들과 관련된 자료가 전시되어 있다. 흔치 않은 자료도 깊은 관심을 가지게 하지만 그저 가만히 앉아 있는 것만으로 행복해지는, 너무도 사랑스러운 정원이 있어 더욱 아름다운 곳이다.

주소	12, rue Cortot, 75018 Paris
교통	12호선 라마르크-콜랭쿠르(Lamarck-Caulaincourt) 역 또는 아베스(Abbesses) 역
전화번호	+33 01 49 25 89 37
개관 시간	월요일~일요일 10:00~18:00
홈페이지	www.museedemontmartre.fr(영어 지원)

파리에 비가 내리면 길모퉁이 서점으로

Paris le jour

아침부터 하늘이 흐리다. 어제도 엊그제도 종일 흐렸던 하늘은 늦은 밤이 되서야 비 몇 방울을 뿌리고는 무슨 심술인지 달빛마저 희미하게 가렸다. 잿빛 하늘 탓에 어두운 실내가 답답해서 아침부터 서둘러 집밖으로 나왔다. 우울한 날에는 어디로 가면 좋을까? 잠시 망설이다 관광객들로 넘쳐나는 노트르담 대성당에 도착했다. 날씨가 흐리든 맑든 노트르담 앞에는 들뜬 표정의 관광객들이 항상 대기 중이다. 오늘은 많은 사람들 속에서 그들의 활기를 전달받고 싶다.

대성당에 들어가기 위한 줄은 꽤 길지만 입장까지 기껏해야 10분이면 충분하다. 줄을 서서 들어간 성당 안, 우여곡절을 겪은 이 성당 안에는 알 수 없는 슬픔이 묻어 있다. 성당 안을 천천히 걷다가 중앙 교단 옆쪽 바닥에 주저앉아 노트르담의 유명한 장미창Rosace을 한참 들여다봤다. 바닥에 앉아 있으니 몸이 까라져 잠이 들어버릴 것 같아 얼른 성당 밖으로 발길을 옮겼다.

어느새 흐린 하늘 사이로 가는 비가 내리고 있다. 우산이 없어서 그냥 비를 맞으며 걸었다. 비가 자주 내리는 파리에는 비를 맞고 다니는 사람이 우산을 들고 다니는 사람보다 훨씬 많다. 노트르담 성당이 있는 시테 섬Île de la Cité을 벗

어나자 빗줄기가 갑자기 굵어졌다. 횡단보도 건너편 골목길에 모여 있는 작은 가게들 중에 일단 아무 데나 들어가서 비를 피해야겠다. 파리에서 횡단보도의 신호를 지키는 사람은 운전자와 관광객들뿐이다. 신호를 무시하고 길을 건넜다. 마침 골목길 입구에서 한 남자가 후다닥 뛰어 들어가는 곳으로 따라 들어갔다. 허름하지만 운치 있는 서점이다.

좁은 서점 안에는 엄청나게 많은 책들이 쌓여 있다. 사람들은 등을 마주하고 책을 읽거나 책장에 꽂혀 있는 책들을 올려보거나 내려다보고 있다. 꽤 오래된 듯한 낡은 서점이지만 지적인 분위기로 보아 보통 서점이 아닌 듯했다. 우연히 비를 피해 들어온 이곳은 현실에 존재하는 공간이 아닌 마치 소설 속에 등장하는 아기자기한 공간 같다. 순간 서점 이름이 궁금했지만 이름을 확인하고 나면 지금의 이 기분과 이 장소가 사라질 것만 같아서 좁은 통로를 따라 안쪽으로 더 깊숙이 들어갔다.

통로 막다른 곳에 2층으로 이어지는 좁은 계단이 있다. 계단을 오르자 어둑한 저편으로 여닫이창이 희미하게 보인다. 창가 쪽 복도 입구 벽 위의 'BE NOT INHOSPITABLE TO STRANGERS LEST THEY BE ANGELS IN DISGUISE(이방인을 냉대하지 마라 그들은 위장한 천사일 수도 있으니)'라는 문구가 서점의 분위기와 너무도 잘 어울린다. 짧은 복도를 지나 창가 쪽으로 다가갔다. 창가 옆 벽에 붙은 기다란 의자에 앉아 밖을 내다봤다. 길 건너에서 노트르담 대성당이 비를 맞으며 서 있다. 노트르담의 모습을 확인하고 나서야, 서점 2층에 마련된 방이 눈에 들어왔다.

아래층은 분명 서점이었는데, 2층은 오래된 개인 서재나 작은 도서관 같다. 낡은 책들이 빽빽한 책장에서 손에 잡히는 대로 한 권을 꺼냈다. 늘 그렇듯 종이 냄새부터 맡았다. 오래된 책의 편안한 향기에 마음이 푸근해졌다. 아

쉽게도 내가 고른 책은 온통 영어로만 쓰여 있어서 책 향기만 맡고 다시 책장에 꽂아두었다. 자리에서 일어나 읽을 수 있는 책을 찾아봤지만 영어로 된 책 밖에 보이지 않았다. 다시 창가 자리로 돌아와 노트르담을 바라보려는 순간, 어디선가 피아노 선율이 들려왔다. 분명 누군가가 연주하는 소리다. 소리를 좇아 복도 옆 작은 방으로 들어가니 비를 피해 들어온 남자가 피아노를 연주하고 있다. 사방이 붙박이 책장으로 가득한 작은 방 안은 피아노 한 대와 낡은 의자, 체스판이 놓인 낮은 원형 테이블, 그 앞으로 자그마한 침대까지 있다. 비 오는 날의 습한 공기와 낡은 책 냄새가 피아노 소리와 섞여 아련한 추억에 잠기게 한다. 한참 동안 분위기에 취해 있는데 어느덧 피아노 소리가 더 이상 들리지 않는다. 남자는 어디론가 사라지고 없다. 다시 1층으로 내려와 서점을 잠시 살펴보고 밖으로 나왔다.

셰익스피어 앤드 컴퍼니 Shakespeare and Company. 서점의 이름이다.

서점을 뒤로한 채 내일도 이 서점이 이곳에 그대로 있어 주기를 바랐다. 여전히 굵은 비를 뿌리는 거리를 걸었다. 센 강변을 거닐다 도착한 예술의 다리 Pont des Arts에도 비 때문인지 다리 위에 앉아 있는 연인들의 모습이 보이지 않는다. 예술의 다리 옆 퐁네프가 맑은 날 그 밑을 걷고 싶은 다리라면 예술의 다리는 비 오는 날 그 위를 걷고 싶은 다리다. 예술의 다리를 건너 발길이 멈춘 곳은 루브르 박물관 건너편 팔레 루아얄 Palais royal 이다.

빗발이 다시 거세졌다. 주위를 둘러보니 또 다른 서점이 있다. 파리에 가장 많은 다섯 가지를 꼽으라면 아마 빵집, 꽃집, 약국, 카페, 다음이 서점일 정도로 파리에는 크고 작은 서점들이 많다. 이번에는 이름부터 확인하고 들어갔다.

리브레리 들라맹 Librairie Delamain. 환한 서점 안에 사람들이 제법 많다. 비를 피

해 들어와서 매번 책은 보지도 않고 지나친 것이 어쩐지 멋쩍어서 이번에는 책을 살펴보았다. 크지 않은 서점 안에 이렇게 책의 구색을 잘 맞추기도 힘들 것 같았다. 서점 주인은 분명 안목 좋은 책벌레임에 틀림없다. 게다가 몇몇 책에는 서점을 찾은 이들의 선택을 도와주기 위해서인지 손으로 직접 쓴 메모들을 붙여놓았다. 이렇게 정성을 들인 서점은 서울, 도쿄, 로마 등 내가 살았던 어떤 도시에서도 보지 못했다. 파리는 생각보다 훨씬 더 지적인 도시다.

주인장이 직접 써놓은 코멘트를 하나하나 읽어보았다. 그러다가 익숙한 스타일의 이름을 발견했다. 'Lee Seung-U.' 한국 소설가다. 《La vie rêvée des plantes(식물들의 사생활)》. 기분 좋은 마음으로 책을 집었다. 프랑스어를 잘 알지 못함에도 불구하고 한국 작가가 쓴 소설이라는 이유 하나로 읽을 수 있을 것 같은 기분이 든다.

비는 여전히 계속 내리고 있다. 오늘은 비를 그만 맞아도 될 것 같다. 머리카락과 옷과 신발은 충분히 젖어 있다. 그리고 오늘은 그만 걸어도 될 것 같다. 그렇다고 집에 들어가기에는 너무 이른 시간, 비 내리는 파리에서 책 한 권을 들고 서 있다. 그렇다면 파리 거리 어디에나 있는 그곳, 카페로 가볼까?

파리 여행 정보 7

파리의 아름다운 서점

셰익스피어 앤드 컴퍼니
Shakespeare and Company

우디 알렌(Woody Allen) 감독의 영화 〈미드나잇 인 파리(Midnight in Paris)〉에 등장해서 우리에게 널리 알려진 셰익스피어 앤드 컴퍼니는 실제로 이 서점의 단골이었던 헤밍웨이(Ernest Miller Hemingway)가 자신의 소설 《이동 축제일(A Moveable Feast)》에 이곳을 여러 번 등장시키기도 했다. 하지만 그가 다녔던 셰익스피어 앤드 컴퍼니는 현재의 위치가 아닌 오데옹(Odéon) 거리에 있었다.

셰익스피어 앤드 컴퍼니는 미국 뉴저지(New Jersey)에서 파리로 이주한 실비아 비치(Sylvia Beach)에 의해 1919년 파리 6구 뒤퓌트랑 거리에서 문을 열었다. 그 후 1921년 오데옹 거리로 이전하여 서점과 동시에 책의 대여가 가능한 도서관 역할을 했다. 1941년 제2차 세계대전 중, 추축국의 프랑스 점령으로 인해 폐점하기 전까지 앵글로 아메리칸 문학과 모더니즘 문학의 중심지로 《누구를 위하여 종을 울리나(For Whom the Bell Tolls)》의 헤밍웨이, 《젊은 예술가의 초상(A Portrait of the Artist as a Young Man)》의 제임스 조이스(James Joyce), 《위대한 개츠비(The Great Gatsby)》의 피츠제럴드(F. Scott Fitzgerald) 등이 이곳에서 많은 시간을 보냈다. 또 1920년대 당시 미국과 영국에서 금서였던 제임스 조이스의 《율리시스(Ulysses)》를 출판한 곳도 바로 이 작은 서점이다.

1941년 폐점의 이유는 제임스 조이스의 마지막 소설 《피네간의 경야(Finnegans Wake)》 원고를 독일사관에게 넘기라는 명령을 거부해서 강제 폐점되었다는 이야기가 있다. 그 후 1951년 미국인 조지 휘트먼(George Whitman)에 의해 지금의 장소인 뷔쉐리(Bûcherie) 거리에서 다시 문을 열었다. 당시 상호는 셰익스피어 앤드 컴퍼니가 아닌 '르 미스트랄(Le Mistral)'이었으며, 앨런 긴즈버그(Allen Ginsberg)를 비롯한 기성세대의 주가치관을 거부하는 '비트 제너레이션(Beat generation)' 작가들의 거점 역할을 했다. 당시 단골 중에는 《북회귀선(Tropic of Cancer)》으로 유명한 헨리 밀러(Henry Miller)가 있다.

조지 휘트먼은 르 미스트랄을 "서점을 가장한 사회주의자의 유토피아"라고 표현했다. 휘트먼은 이 서점에 13개의 침대를 마련해서 지금껏 4만 명의 사람들을 재워줬다고 한다. 1962년 실비아 비치가 사망하면서 지금의 상호인 셰익스피어 앤드 컴퍼니로 변경했고, 현재는 조지 휘트먼의 딸 실비아 휘트먼(Sylvia Whitman)이 운영하고 있다. 그녀는 부친의 뜻을 이어 젊은 작가들에게 일거리와 생활 장소로서 서점을 제공하고 있다. 현 건물은 16세기 수도원으로 지어진 것으로, 일요일에는 다도회, 시 낭독회, 작가회합 등의 이벤트가 열린다. 또 2년에 한 번씩 문학 페스티벌(FestivalandCo)을 개최하고 있다.

주소 37, rue de la Bûcherie, 75005 Paris
교통 4호선 생미셸(Saint-Michel) 역 또는 RER B선, C선 생미셸-노트르담(Saint-Michel-Notre-Dame) 역
전화번호 +33 01 43 25 40 93
영업시간 월요일~금요일 10:00~23:00
토요일~일요일 11:00~23:00
홈페이지 www.shakespeareandcompany.com

리브레리 들라맹
Librairie Delamain

코메디프랑세즈(Comédie-Française) 맞은편 오페라 가르니에와 연결된 대로에 위치한, 문화 예술의 중심지에서 100년 이상된 역사 깊은 서점이다. 18세기 서적을 전문적으로 다루고 있으며, "우리는 책을 통해 과거와 현재를 연결한다"고 소개할 정도로 고전과 현대 철학서를 비중 있게 다룬다. 주인이 직접 쓴 듯한 코멘트들이 책에 붙어 있는데 그 코멘트를 읽으며 책을 고르면 이 서점이 단지 책을 파는 곳이 아닌 그 이상의 역할을 하고 있음을 알 수 있다.

주소	155, rue Saint-Honoré, 75001 Paris
영업시간	월요일~토요일 10:00~20:00
휴무	일요일
홈페이지	www.librairie-delamain.com

눈이 부시게 푸르른 날은 파리의 공원이 그립다

Paris le jour

며칠째 내리던 비가 바람과 함께 사라졌다. 어느새 비에 익숙해진 나는, 지난 몇 년간 살았던 로마의 찬란한 햇빛을 간사하게도 잊어버렸다. 하지만 비 개인 파리의 맑은 하늘을 보니 지겹도록 짜릿했던 로마의 하늘이 그리워졌다. "눈이 부시게 푸르른 날엔, 그리운 사람을 그리워하자"라는 서정주의 시처럼 비 내리는 흐린 날이 아니라 눈이 부시게 푸른 날, 햇살 가득했던 로마가 그리워지는 일은 이상하지만 당연했다.

오랜만에 얼굴을 내민 해가 반가운 게 나만은 아닌지 집 안에 있던 파리지앵이 전부 뛰쳐나온 듯 거리는 사람들로 넘쳐났다. 그들의 옷차림은 발걸음만큼이나 활기차다. 파리는 기대했던 것보다 훨씬 푸른 도시다. 거리 곳곳의 광장Square과 수많은 정원Jardin, 이름 난 공원Parc이 가로수와 흐드러진 꽃집들과 어우러져 '푸른 파리'를 연출한다.

햇살이 좋아 집 밖으로 나왔지만, 오늘도 뾰족하게 갈 곳을 정한 것은 아니었다. 언젠가부터 정처 없이 걷는 습관이 생겼다. 가끔은 이런 습관이 나조차도 어색하고, 걷다가 지쳐서 집으로 돌아갈 때면 외로워지곤 한다. 하지만 오

늘의 산책은 그리 어색하거나 외롭지 않다. 걷다가 피곤하면 아무 공원에나 앉아서 쉬면 그만이다. 공원이 많은 파리에서는 적어도 갈 데가 없어 집으로 돌아가야 하는 초라한 일은 없다.

마침 눈앞에 초록색 잔디가 반짝이는 정원이 눈에 들어왔다. 아직 피곤하지는 않지만 탐스러운 초록빛 잔디에 끌려 정원으로 발길을 옮겼다. 거리로 쏟아져 나온 젊은 파리지앵들이 이미 푸른 잔디 위에 자리 잡고 누워 책을 읽고 있다. 벤치에는 나이 든 파리지앵들이 신문을 읽고, 모퉁이 나무 아래서는 회사 동료로 보이는 한 무리가 이른 점심을 먹으며 잡담 중이다. 샌드위치를 먹고 있는 남자, 손때 탄 플라스틱 도시락에 담긴 생야채 샐러드를 먹고 있는 여자, 밥과 반찬을 젓가락으로 먹고 있는 동양 여자도 있다. 반찬을 보니 일본 사람인 듯하다. 공원의 작은 연못 앞에 마련된 일인용 의자에는 선글라스를 끼고 하늘을 올려다보며 낮잠을 자는 세련된 파리지엔느와 그 옆에 앉아서 얌전히 기다리고 있는 기특한 털북숭이 강아지, 비둘기를 쫓아다니는 꼬마와 꼬마를 쫓아다니는 엄마. 햇살 좋은 날 파리의 일상이다.

젊은 파리지앵이 누워 있는 잔디밭에 앉아, 며칠 전 에드워드가 한국문화원에서 빌려다 준 한국 소설을 꺼내 들었다. 순간 책갈피로 쓰던 그림엽서 한 장이 툭하고 떨어진다. 이런, 어젯밤에 잠들기 전까지 읽었던 부분을 표시해 놓은 건데. 그림엽서 속 노트르담 사원 앞의 흐드러진 핑크색 꽃나무가 참 예쁘다. 엽서에서 눈을 떼고 정원 안에 가득한 나무들을 둘러보았다. 나무들 사이로 엽서 속의 핑크색 꽃나무가 보인다.

'아, 파리에 봄이 왔구나!'

어젯밤 비몽사몽간에 읽었던 소설은 어디까지 읽었는지 도무지 기억이 나지 않는다. 가방 속에 여분으로 들고 온 다른 책 한 권을 꺼냈다. 《한국 명시선》. 오랫동안 서재 속에 갇혀 있는 듯한 낡은 시집은 곰팡이 냄새를 뿜어낸

다. '계절이 지나가는 하늘에는 가을로 가득 차 있습니다'로 시작하는 윤동주의 〈별 헤는 밤〉이 실려 있다. 지금쯤 쿨쿨 자고 있을 엄마가 보고 싶다. 윤동주의 시를 패러디해 노트르담이 담긴 그림엽서에 편지를 써본다.

계절이 지나는 파리에는 봄 향기로 가득 차 있습니다.
나는 아무 걱정도 없이 파리 속의 공원을 다 헤일 듯합니다.
어머님 나는 공원 하나에 아름다운 말 한마디씩을 불러봅니다.
학창시절 책상을 같이 썼던 아이들의 이름과 지구 건너편 지금쯤 잠들기 시작했을 가족들과 강아지와 윤동주, 서정주, 프랑시스 잠, 아르튀르 랭보 이런 시인의 이름을 불러봅니다.
나는 무엇인지 그리워, 파리의 한 공원 안에, 내 이름자를 써 보고 흙으로 덮어버리었습니다.
그러나 한 달쯤의 파리가 지나고 서울의 어느 푸르른 날, 지금 내가 당신을 그리워하듯 내 이름자 묻힌 파리 한 모퉁이 공원이 그리워질 거외다.

-눈이 부시게 푸르른 날,
파리의 공원에서 엄마에게-

파리 여행 정보 8

파리의 공원

　파리에는 우리가 상상하는 것 이상으로 공원이 많다. 파리는 거리 곳곳에서 광장Square, 정원Jardin, 공원Parc 등의 안내 표시를 쉽게 볼 수 있는데, 이 모두가 우리 감각으로는 '공원'이다. 프랑스인들이 광장, 정원, 공원을 구별하는 기준은 '공원의 면적'이다. 즉, 광장은 규모가 작은 조그마한 공원으로 사방이 나무로 둘러져 있으며, 보통 잔디밭은 없고 벤치만 있어 항상 한산한 편이다. 정원은 광장보다 크지만 공원보다 작은 규모로 박물관이나 역사적인 건물, 잔디밭과 꽃밭, 조각상, 연못 등을 골고루 갖추고 있는 경우가 많아 대부분의 파리의 정원은 여행자에게도 유명하다. 예를 들어 우리에게 많이 알려져 있는 '튈르리 정원'처럼 유명한 곳인 경우는 파리지앵보다 외국에서 온 관광객이 더 많다. 마지막으로 공원은 잔디밭은 물론이고 호수, 산책로, 어린이 놀이시설 등을 고루 갖추고 있는 넓은 공간으로, 지역 주민의 쉼터이자 아침 조깅 코스이며 주말 나들이 코스로 멀리서도 찾아오는 경우가 많다.

　파리 시내의 모든 광장, 정원, 공원의 정보는 파리 시청의 인터넷 사이트에서 각 20구별로 쉽게 찾아볼 수 있다. 여기서는 파리에서 지내며 개인적으로 마음에 들었던 공원을 몇 군데 소개하고 싶다.

파리 시청의 공원 정보 사이트 parcsetjardins.equipement.paris.fr

베르갈랑 광장 Square du Vert-Galant

퐁네프 아래 시테 섬 안에 있는 아주 작은 공원이다. 공원 구석 시테 섬의 서쪽 끝의 나무 아래는 햇살 좋은 날 찾아가면 무척 낭만적이다. 공원 벤치에서 센 강을 등지고 앉아 독서를 하는 것도 좋고, 공원 가운데 잔디밭에 누워 파리의 하늘을 감상해도 좋다. 공원에 멍하니 있는 것이 심심하다면 공원 양쪽으로 흐르는 센 강을 감상하며 강변을 걷는 것도 좋다.

가는 법 지하철 7호선 퐁네프(Pont-Neuf) 역

요한 23세 광장 Square Jean-XXIII

노트르담 대성당 바로 옆, 센 강변을 따라 조성된 기다란 모양의 작은 공원이다. 이곳은 특히 화창한 봄날 그 매력을 발산한다. 공원 중간쯤에 있는 벚꽃나무 밑 벤치에 앉아 노트르담 사원을 올려다보는 것도 좋고, 공원 앞으로 흐르는 센 강을 내려다보는 것도 좋다. 관광객이 많은 노트르담 대성당 옆이라 이 정도 규모의 다른 공원들보다는 복잡한 편이지만, 그렇다고 산만한 정도는 아니다. 노트르담을 찾는 대부분의 관광객들은 이곳을 놓치는 경우가 많다.

가는 법 지하철 4호선 시테(Cité) 역

백조의 길 L'allée des Cygnes

센 강의 유일한 인공섬인 시뉴 섬(Île aux Cygnes) 안에 있는 공원이자 산책로이다. 섬 안에 있는 공원이라기보다 섬 전체가 공원이라고 하는 편이 맞다. 길게 뻗은 산책로 중간에 있는 벤치에 앉으면 마치 강 위에 떠 있는 듯한 착각이 들기도 한다. 공원의 시작점인 비르아켐 다리에서 끝에 있는 그르넬 다리 아래 자유의 여신상(Statue de la Liberté)까지 산책로를 천천히 걸으며 파리지앵의 여유로운 일상과 산책로의 가지 많은 나무들, 그리고 그 사이로 보이는 센 강과 파리를 만끽해보자.

가는 법 지하철 6호선 비르아켐(Bir-Hakeim) 역, 또는 RER C선 샹 드 마르스-투르 에펠(Champ de Mars-Tour Eiffel) 역

파리의 달팽이꼴 20구 방문하기

Paris le jour

프랑스는 유럽에서 러시아 다음으로 넓은 나라로, 수도 파리는 생각보다 꽤 넓다. 하지만 서울만큼 넓지는 않아서 '한 달쯤' 머무르며 둘러보기에 안성맞춤인 도시다. 605.25㎢의 서울은 총 25개의 행정구로 나누어져 있어 하루에 한 구를 다 둘러보기 버겁지만, 서울보다 6배 작은 105.40㎢의 파리는 20개의 행정구로 나누어져 있어 하루에 한 구를 여유 있게 돌아볼 수 있다. 시간적 여유가 있다면 지도 한 장을 손에 들고 달팽이꼴로 동그랗게 돌아가며 나뉜 파리의 20개 구를 제대로 탐방해보자.

파리의 행정구는 1860년부터 20개 구로 나뉘어졌으며, 각 구마다 우리나라의 종로구, 강남구처럼 이름을 가지고 있다. 하지만 그 이름을 알고 있는 파리지앵을 본 적은 없다. 보통 1구, 2구처럼 숫자로 부른다.

1er arrondissement
파리 제 1구

파리의 거의 정중앙에 있는 1구는 세계적인 명소인 루브르 박물관 덕분에 현지인보다 관광객이 더 많다. 파리의 20구 중 네 번째로 작은 구지만, 구 전체가 볼거리로 가득한, 그야말로 다이나믹한 파리를 만날 수 있는 지역이다.

소문난 곳

루브르 박물관 Musée du Louvre
바티칸 박물관, 대영 박물관과 더불어 세계 3대 박물관 중 하나. 세계에서 가장 많은 미술품을 소장하고 있다.
- 주소 _ Musée du Louvre, 75001 Paris
- 교통 _ 지하철 1, 7호선 팔레 루아얄-뮈제 뒤 루브르(Palais Royal-Musée du Louvre) 역 또는 1호선 루브르-리볼리(Louvre-Rivoli) 역
- 홈페이지 _ www.louvre.fr

튈르리 정원(오랑주리 미술관)
Jardin des Tuileries(Musée de l'Orangerie)
콩코르드 광장에서 루브르 궁전까지 이어지는 큰 정원으로 혼잡한 도심 중심부에서 휴식을 취할 수 있는 곳이다.
- 주소 _ 113, rue de Rivoli, 75001 Paris
- 교통 _ 지하철 1호선 튈르리(Tuileries) 역

생트샤펠 성당 Sainte-Chapelle
시테 섬에 있는, 루이 9세가 지은 성당으로 고딕 양식의 대표적인 성당이다. 화려한 스테인드글라스가 유명하다. 단, 이곳에 입장하려면 적어도 1시간 이상 줄을 서야 하므로 서둘러야 한다.
- 주소 _ 8, boulevard du Palais, 75001 Paris
- 교통 _ 지하철 4호선 시테(Cité) 역

방돔 광장 Place Vendôme

18세기 건축물에 둘러싸인 우아한 광장. 나폴레옹이 전승 기념으로 세운 원기둥이 있고, 명품숍과 주얼리숍 등이 모여 있다.

- 주소 _ place Vendôme, 75001 Paris
- 교통 _ 지하철 3, 7, 8호선 오페라(Opéra) 역

팔레 루아얄 Palais Royal

루이 13세의 재상 리슐리외의 대저택이었던 곳으로, 회랑으로 둘러싸인 번화가였다.

- 주소 _ place du Palais Royal, 75001 Paris
- 교통 _ 지하철 1, 7호선 팔레 루아얄-뮈제 드 루브르(Palais Royal-Musée du Louvre) 역

추천하는 곳

베르갈랑 광장 Square du Vert-Galant

햇살 좋은 날, 와인 한 병과 바게트, 치즈를 들고 퐁네프 밑에 있는 이 작은 공원을 찾아보자. 파리에서 가장 아름다운 레스토랑에서의 점심을 즐길 수 있을 것이다. 특히 공원 안 시테 섬의 서쪽 끄트머리 나무 밑은 더욱 사랑스러운 공간이다.

- 주소 _ square du Vert-Galant, 75001 Paris
- 교통 _ 지하철 7호선 퐁네프(Pont-Neuf) 역

생외스타슈 성당 Église Saint-Eustache

고딕 양식과 르네상스 양식이 조화를 이루고 있는 16세기에 지어진 웅장한 성당이다. 개인적으로 파리에서 가장 성스러운 느낌을 받았던 곳이기도 하다. 외관보다 내부가 훨씬 아름답기 때문에 지나치지 말고 안으로 들어가보자.

- 주소 _ 2, Impasse Saint-Eustache, 75001 Paris
- 교통 _ 지하철 4호선 레 알(Les Halles) 역

2e arrondissement
파리 제 2구

파리 20개의 구 중에 가장 작은 2구는 1구나 3구, 9구를 목표로 걷다 보면 우연히 지나게 되는 곳이다. 18, 19세기부터 생겨난 화려하고 오래된 상점가로 유명하다.

소문난 곳

갈레리 비비엔느 Galerie vivienne
1826년에 지어진 아케이드 건축물로, 예쁜 상점들이 모여 있는 오래된 쇼핑몰이다.
· 주소 _ 4, rue des Petits-Champs, 75002 Paris부터

파사주 데 파노라마 Passage des panoramas
몇 개의 건물 천장을 유리와 철골로 연결한 일종의 아케이드로 과거 파리의 화려함을 엿볼 수 있다.
· 주소 _ 10, rue Saint-Marc, 75002 Paris부터

파사주 뒤 그랑세르 Passage du Grand-Cerf
순록의 거리라는 이름을 가지고 있는, 고풍스러운 파사주이다.
· 주소 _ 145, rue Saint-Denis, 75002 Paris부터

파사주 뒤 케르 Passage du caire
파리의 파사주 중에서도 초창기에 지어진 파사주로 고풍스러움을 간직하고 있다.
· 주소 _ 2, place du Caire, 75002 Paris부터

추천하는 곳

카퓌신-프라고나르 향수 박물관 Théâtre-Musée des Capucines-Fragonard
파리지앵의 필수품이라 할 수 있는 향수의 모든 것을 볼 수 있는 곳으로, 단체 관광객이 많이 찾는 곳이기도 하다. 행정구역 상으로는 2구에 포함되지만 9구의 오페라 가르니에에서도 매우 가까우므로 가는 길에 들러도 좋다.
· 주소 _ 39, boulevard des Capucines, 75002 Paris

3e arrondissement
파리 제 3구

2구 다음으로 작은 3구에는 유서 깊은 귀족들의 저택이 그대로 남아 있어 품위가 느껴지는 지역이다. 또한 파리에서 가장 오래된 상설시장이 열리는 정겨운 곳이기도 하다. 4구와 함께 '마레Marais 지구'라고 불리기도 한다.

소문난 곳

카르나발레 박물관 Musée Carnavalet
파리 최초의 시립 박물관이자 파리에서 가장 오래된 박물관으로 기획전시가 자주 열리니 일정을 미리 확인하자.
- 주소 _ 23, rue de Sévigné, 75003 Paris
- 교통 _ 1호선 생 폴(Saint Paul) 역

피카소 미술관 Musée Picasso
17세기 중반에 지어진 바로크식 저택인 살레 저택(Hotel Salé)을 개조하여 1985년에 개관한 국립 미술관이다. 피카소의 대표적인 작품과 기록을 소장한 곳으로 피카소가 활발한 활동을 했던 파리 시기의 작품들이 전시되어 있다. 2013년 현재 공사중이라 문을 닫은 상태다. 방문하고자 한다면 미리 홈페이지에서 공사 상황을 확인하길 바란다.
- 주소 _ 3, rue de Thorigny, 75003 Paris
- 교통 _ 1호선 생 폴(Saint Paul) 역
- 홈페이지 _ www.musee-picasso.fr

추천하는 곳

앙팡 루주 시장
Marché des Enfants Rouges
1628년에 생긴 파리에서 가장 역사 깊은 상설시장으로 화려한 파리의 또 다른 소박함을 느낄 수 있다.
- **주소 _** 39, rue de Bretagne, 75003 Paris
- **개장 시간 _** 화요일~토요일 8:30~20:00 일요일 8:30~16:00(월요일 휴장)

오텔 드 수비즈 Hôtel de Soubise
건축가 들라메르가 설계한 저택으로 국립 고문서 박물관과 인접해 있다. 햇살 좋은 날 꼭 가보길 바란다.
- **주소 _** 60, rue des Francs Bourgeois, 75003 Paris

니콜라스 플라멜의 집
Maison de Nicolas Flamel
조앤 롤링(J.K. Rowling's)의 소설 《해리포터와 마법사의 돌》에 등장하는 마법사 니콜라스 플라멜(Nicolas Flamel)은 실존인물로, 실제로 연금술사였다는 이야기가 전해진다. 그가 살았던 집은 1407년에 지어진 것으로 현재 파리에 남아 있는 민가 중에 가장 오래된 건물이다. '해리포터 시리즈'의 팬이거나, 오래된 건축물에 관심이 많다면 찾아가볼 만하다.
- **주소 _** 51, rue de Montmorency, 75003 Paris

4e arrondissement
파리 제 4구

아름다운 센 강의 시테Cité 섬 동부와 생루이Saint-Louis 섬을 포함하고 있을 뿐만 아니라 노트르담 대성당이 있는 4구는 관광객의 발길이 끊이지 않는, 너무도 아름다운 파리의 심장과도 같은 곳이다.

소문난 곳

생자크 탑 Tour Saint-Jacques
프랑스 후기 고딕 양식으로 지은 화려한 탑으로 탑 전체가 하나의 예술품이다.
- 주소 _ 39, rue de Rivoli, 75004 Paris

오텔 드 쉴리 Hôtel de Sully
앙리 4세의 대신이었던 쉴리 공작의 저택으로 파리 4구에서 가장 아름다운 르네상스 양식의 건축물이다. 현재는 전시관으로 이용되고 있다.
- 주소 _ 48, rue Saint-Antoine, 75004 Paris

오텔 드 빌 Hôtel de Ville
르네상스 양식으로 지어진 파리 시청 건물로 1871년에 파괴되었으나 건축가 드페르트(Édouard Deperthes)와 발뤼(Théodore Ballu)가 설계하여 1882년에 완성했다.
- 주소 _ 29, rue de Rivoli, 75004 Paris
- 홈페이지 _ www.paris.fr

노트르담 대성당
Cathédrale Notre-Dame
프랑스 초기 고딕 양식으로 지어진 대표적인 성당이다. 나폴레옹 대관식과 잔 다르크의 명예회복 재판이 열렸던 곳으로 유명하다. 빅토르 위고의 소설 《노트르담의 꼽추》에 등장하는 큰 종도 볼 수 있다.
- 주소 _ 6, place du Parvis Notre-Dame, 75004 Paris
- 홈페이지 _ www.notredameparis.fr

퐁피두 센터
Centre national d'art et de culture Georges-Pompidou

정식 명칭은 국립 퐁피두 예술문화 센터이다. 프랑스의 19대 대통령 퐁피두의 이름을 따서 1977년에 개관한 유럽 최고의 현대미술 센터로, 독특한 외관으로 유명하다.
- 주소 _ 19, rue Beaubourg, 75004 Paris
- 홈페이지 _ www.cnac-gp.fr

추천하는 곳

빅토르 위고의 집 Maison de Victor Hugo
《노트르담의 꼽추》를 쓴 프랑스를 대표하는 소설가 빅토르 위고가 가족과 함께 16년 동안 (1832~1848) 살았던 집이다. 방문 후 바로 앞의 보주 광장(Place des Vosges)의 잔디밭에서 휴식을 취할 수도 있어 더욱 마음에 드는 곳이다.
- 주소 _ 6, place des Vosges, 75004 Paris
- 개관 시간 _ 10:00~18:00
- 휴관 _ 월요일

요한 23세 광장 Square Jean-XXIII
노트르담 대성당 옆으로 센 강변을 따라 조성되어 있는 이 공원의 봄은 정말 아름답다. 노트르담 대성당에 가면 절대 성당만 보고 서둘러 가지 말고, 이 작은 공원을 산책해보자. 공원 중간에 있는 벤치에 앉아 센 강변의 풍경을 보고 있으면 마음이 포근해진다.
- 주소 _ 4, place du Parvis Notre Dame, 75004 Paris
- 교통 _ 지하철 4호선 시테(Cité) 역

5e arrondissement
파리 제 5구

센 강 건너편에 있는 5구는 파리 제1, 3, 4, 6, 7 대학과 앙리 4세 고등학교Lycée Henri-IV가 있어 젊은 파리지앵의 학구적인 분위기가 물씬 풍기는 곳이다. 파리 식물원과 팡테옹으로 향하는 관광객들로 항상 생기가 넘치는 곳이기도 하다. 6구와 함께 '카르티에 라탱Quartier latin 지구'라고 불린다.

소문난 곳

팡테옹 드 파리 Panthéon de Paris
원래 교회 건물이었으나 지금은 애국자, 위인들을 모신 프랑스의 국립묘지이다.
• 주소 _ place du Panthéon, 75005 Paris

생테티엔 뒤몽 성당
Église Saint-Étienne-du-Mont
파스칼의 유해가 묻혀 있는 곳으로 유명한 성당이다. 화려하기보다 우아한 분위기의 건축물이다. 영화 <미드나잇 인 파리>에서 남자 주인공이 시간 여행을 위해 밤마다 앉아서 기다리던 곳이 바로 이 성당 앞 계단이다.
• 주소 _ rue de la Montagne Sainte-Geneviève, 75005 Paris

파리 식물원 Jardin des Plantes

자연사 박물관, 미술관, 동물원으로 이루어진, 센 강 왼쪽에 자리한 식물원이자 정원이다.

- 주소 _ 57, rue Cuvier, 75005 Paris

아랍 문화원 Institut du Monde Arabe

세계적인 건축가 장 누벨(Jean Nouvel)이 만든 현대적인 건축물로 아랍의 문화와 정보를 널리 알리기 위한 문화원이다.

- 주소 _ 1, rue des Fossés Saint-Bernard, 75005 Paris

추천하는 곳

클뤼니 미술관 Musée de Cluny

파리에서 보기 드문 15세기 저택 로텔 드 클뤼니 (L'hôtel de Cluny)에 있는 중세 박물관으로, 중세 시대의 예술품을 전시하고 있다. 개인적으로 가장 이상적인 크기의 알찬 볼거리가 있는 박물관이라 생각한다. 3세기 갈로로맹(Gallo-romain, 로마 제국 지배하에 있던 갈리아(지금의 프랑스)의 독자적인 문화)의 온천 유적이 남아 있는 역사적인 장소이기도 하다.

- 주소 _ 6, place Paul Painlevé, 75005 Paris
- 개관 시간 _ 9:30~17:30
- 휴관 _ 일요일

비블리오테크 생트주느비에브
Bibliothèque Sainte-Geneviève
학구적 분위기의 5구와 잘 어울리는 도서관이다.
- 주소 _ 10, place du Panthéon, 75005 Paris
- 개관 시간 _ 10:00~22:00
- 휴관 _ 일요일

소르본 광장 **Place de la Sorbonne**
작은 광장 안 분수 앞에 흐트러진 자세로 앉아 샌드위치를 먹으며 책을 읽는 젊은 파리지앵들을 보고 있는 것만으로도 활기가 전해진다. 젊음의 에너지와 오래된 소르본 대학의 지적인 에너지가 공존하는 곳이다.
- 주소 _ place de la Sorbonne, 75005 Paris

원형 경기장 **Arènes de lutèce**
갈로로맹의 유적인 이 원형 경기장은 1세기에 지어진 파리의 숨어 있는 역사적인 장소다. 예전에 원형 경기장이었다는 흔적은 거의 남아 있지 않지만, 시민혁명을 거치며 도시 전체가 파괴되었던 파리에서 보기 힘든 오래된 역사의 숨결이 느껴지는 곳이다. 로마의 콜로세오를 무척 좋아하는 나는 콜로세오가 그리워질 때 이곳을 찾았다. 콜로세오의 웅장함과 아름다움은 없지만 편안함이 느껴지는 곳이다.
- 주소 _ 49, rue Monge, 75005 Paris

6e arrondissement
파리 제 6구

파리 제2, 5대학 및 여러 학술단체들이 있어 학구적인 느낌이면서 파리에서 가장 오래된 생제르맹데프레 성당 등 종교적인 색채도 강한 곳이다. 파리 중심에 위치하고 있는 6구는 상가도 많아 현지인들의 쇼핑타운으로도 생기가 넘친다.

소문난 곳

생제르맹데프레 성당
Église Saint-Germain-des-Prés
센 강 왼쪽의 생제르맹 거리에 있는 성당으로 6세기에 만들기 시작해서 10세기말에 재건된 유서 깊은 건축물이다.
• 주소_ 3, place Saint-Germain des Prés, 75006 Paris

오데옹 극장 Théâtre de l'Odéon
프랑스 5대 국립극장 중 하나로 1782년에 세워졌다. 18세기에 〈피가로의 결혼〉을 공연한 곳으로 유명하며, 현재에도 유럽 현대 공연이 활발히 상연되고 있다.
• 주소_ 2, rue Corneille, 75006 Paris

뤽상부르 정원 Jardin du Luxembourg
뤽상부르 궁전에 딸린 정원으로 파리 시민들이 사랑하는 아름다운 휴식 공간이다.
• 주소_ 2, rue Auguste Comte, 75006 PARIS
• 교통_ RER B선 뤽상부르(Luxembourg) 역

생미셸 분수 Fontaine Saint-Michel
프랑스의 수호성인인 미카엘 대천사의 조각이 인상적인 분수로 젊은 파리지앵의 약속 장소로 애용되는 곳이다.
• 주소_ 2, boulevard Saint-Michel, 75006 Paris

추천하는 곳

생쉴피스 성당 Église Saint-Sulpice

댄 브라운의 《다빈치코드》를 재밌게 읽었다면, 소설 속 주요 무대인 이 성당에 들러보자. 성당을 둘러보고 나온 후에는, 성당 앞 광장 대각선 건너편의 파티스리 피에르 에르메 파리(Pierre Hermé Paris)의 마카롱을 맛보며 광장의 분수대를 감상하면 기분 좋은 하루가 될 듯하다.

• 주소 _ 26, bis rue Cassette, 75006 Paris

앙시엔느코메디 거리
Rue de l'Ancienne-Comédie

볼테르(Voltaire), 빅토르 위고 등이 단골로 다녔다는, 파리에서 가장 오래된 카페 르 프로코프(Le Procope)가 있어 유명한 거리기도 하지만, 파리의 옛 정취가 느껴지는 가게들이 마음에 쏙 드는 작고 예쁜 거리다.

• 주소 _ 132, boulevard Saint-Germain, 75006 Paris

마자랭 도서관 Bibliothèque Mazarine

프랑스 학사원(Institut de France) 안에 있는 프랑스에서 가장 오래된 공공도서관(1643년 처음으로 대중에게 공개)이다. 원래는 17세기 마자랭(Mazarin) 추기경의 개인 서재였다고 하는데, 개인 서재였다고는 상상할 수 없는 규모의 호화롭고 중후한 곳이다. 도서관을 나와서 학사원 바로 앞으로 펼쳐지는 센 강의 예술의 다리에서 센 강을 감상하면 하루가 행복해진다.

• 주소 _ 23, quai de Conti, 75006 Paris
• 개관 시간 _ 10:00~18:00
• 휴관 _ 토요일, 일요일

외젠 들라크루아 국립 박물관
Musée national Eugène-Delacroix

화가 외젠 들라크루아가 말년에 살았던 집을 박물관으로 바꾸었다. 박물관의 아담한 정원이 마음에 쏙 드는 곳이다.

• 주소 _ 6, rue de Furstenberg, 75006 Paris
• 개관 시간 _ 9:30~17:30
• 휴관 _ 화요일, 1월 1일, 5월 1일, 12월 25일

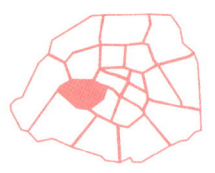

7e arrondissement
파리 제 7구

프랑스의 외무부, 국방부, 프랑스 하원, 교육부, 농림수산부 등 정치, 행정 기관이 집중해 있는 곳이자 에펠탑, 앵발리드, 오르세 미술관 등이 있어 관광객이 넘쳐나는 활기찬 지역이다. 7구 동쪽의 6구와 연결되는 곳에는 럭셔리한 파리지앵들이 자주 찾는 상점들이 많아 쇼핑을 하거나 구경을 하기에도 좋다.

소문난 곳

에펠탑 Tour Eiffel
파리를 상징하는 철탑으로 1889년 만국박람회를 기념하여 구스타브 에펠이 설계했다.
• 주소 _ Champ de Mars, 5 avenue Anatole France, 75007 Paris

평화의 벽 Mur pour la paix
거대한 유리판에 여러 나라의 언어로 '평화'라는 글씨가 쓰인 조형물이다. 벽 뒤로 비치는 에펠탑이 아름답다.

• 주소 _ Rue du Champ de Mars, 75007 Paris

로댕 미술관 Musée Rodin
로댕 미술관 건물은 18세기에 건립된 저택으로, 건물을 매입하여 살던 조각가 오귀스트 로댕(Auguste Rodin)이 1916년 자신이 소장한 모든 작품과 함께 이 건물을 기증했다. 로댕의 작품을 비롯하여 그가 수집한 미술작품과 자료가 전시되어 있고, 아름다운 정원이 유명하다.
• 주소 _ 79, rue de Varenne, 75007 Paris
• 홈페이지 _ www.musse-rodin.fr

파리 하수도 박물관 Musée des Égouts
고대부터 오늘날까지 파리의 하수도의 역사와 정보를 담은 박물관이다.
- 주소 _ 93, quai d'Orsay, 75007 Paris

추천하는 곳

오르세 미술관 Musée d'Orsay
파리에 왔다면 누구나 찾아가는 곳이지만 반드시 가기를 바라는 마음에 추천한다. 해가 일찍 지는 겨울철 밤에 가는 것이 더 좋다.
- 주소 _ 5, quai Anatole France, 75007 Paris
- 개관 시간 _ 9:30~18:00 목요일 9:30~21:45
- 휴관 _ 월요일
- 홈페이지 _ www.musse-orsey.fr

오텔 데 앵발리드 Hôtel des Invalides
따로 추천이 필요 없는 필수 관광 코스지만 이곳의 야경은 절대 놓쳐서는 안 된다. 금빛으로 빛나는 돔 성당(Église du Dôme)은 환한 낮에도 아름답지만, 어두운 밤하늘 아래서 더욱 찬란하다. 돔 성당과 파리 군사 박물관(Musée de l'Armée), 해방훈장 박물관(Musée de l'Ordre de la Libération)도 함께 들러보자.
- 주소 _ place Vauban, 75007 Paris
- 교통 _ 지하철 13호선 바렌(Varenne) 역

8e arrondissement
파리 제 8구

7구와 더불어 프랑스의 정치와 행정의 중심 지구다. 대통령궁, 내무부 등이 있을 뿐만 아니라 개선문, 샹젤리제 거리, 마들렌 성당, 콩코르드 광장이 속해 있어 전 세계에서 모여드는 관광객으로 항상 북적이는 파리의 대표적인 관광 지구이다. 샹젤리제 거리의 끝 쪽에 있는 콩코르드 광장은 1구의 튈르리 공원과 루브르 박물관과 연결되므로 함께 둘러볼 수도 있다.

소문난 곳

개선문 Arc de triomphe de l'Étoile
나폴레옹 1세가 전쟁의 승리를 기념하기 위해 세운 개선문으로 세계 최대의 크기를 자랑한다.
• 교통 _ 지하철 1, 2, 6호선, RER A선 샤를 드 골-에투알(Charles de Gaulle-Étoile) 역

엘리제 궁전 Palais de l'Élysée
1718년에 세워진 궁전으로 현재는 프랑스 대통령의 공식 관저로 사용 중이다. 대통령 사무소가 위치해 있으며 장관회의도 이곳에서 열린다.
• 주소 _ 55, rue du Faubourg Saint-Honoré, 75008 Paris
• 홈페이지 _ www.elysee.fr

샹젤리제 거리
Avenue des Champs-Élysées
개선문에서 콩코르드 광장으로 이어지는 길로, 파리의 중심가이자 쇼핑 거리로 유명하다.
• 교통 _ 지하철 1, 2, 6호선, RER A선 샤를 드 골-에투알(Charles de Gaulle-Étoile) 역

콩코르드 광장 Place de la Concorde
동쪽으로는 튈르리 정원이, 서쪽으로는 샹젤리제 거리가 있는 파리 중심가의 광장이다. 18세기 루이 15세의 명으로 만들어졌다.
- 주소 _ place de la Concorde, 75008 Paris

그랑 팔레 국립 미술관
Galeries nationales du Grand Palais
그랑 팔레 안에 있는 미술관으로 과학 박물관(Palais de la découverte)과 함께 많은 사람들이 찾는다.
- 주소 _ 3, avenue du général Eisenhower, 75008 Paris

마들렌 성당 Église de la Madeleine
코린트식 원주로 이루어진 성당으로 로마 신전풍의 19세기 프랑스 고전주의 건축의 대표작이다.
- 주소 _ place de la Madeleine, 75008 Paris

몽소 공원 Parc Monceau
개선문 북동쪽에 자리하고 있는 너른 녹지가 있는 공원이다. 파리지앵 사이에서는 이곳에서 사랑을 만나게 된다는 이야기가 전해진다고 한다.
- 주소 _ boulevard de Courcelles, 75008 Paris

추천하는 곳

자크마르앙드레 박물관
Musée Jacquemart-André
금융가 에두아르 앙드레(Édouard André)와 그의 부인 자크마르(Jacquemart)의 저택이었던 곳으로, 현재는 박물관으로 사용 중이다. 부부가 살아 생전 수집한 이탈리아 르네상스, 18세기 프랑스와 네덜란드의 예술품, 화려한 가구와 저택을 감상할 수 있다. 현지인들이 적극 추천하는 곳으로 추천의 이유를 확실히 알 수 있었다.
- 주소 _ 158, boulevard Haussmann, 75008 Paris
- 개관 시간 _ 10:00~18:00, 월요일, 토요일 10:00~20:00
- 홈페이지 _ www.musee-jacquemart-andre.com/fr

니심 드 카몽도 박물관
Musée Nissim de Camondo
1911년 세워진 대저택으로 자크마르앙드레 박물관과 마찬가지로 저택을 가득 메운 예술품과 가구를 관람할 수 있다. 관람 후에는 박물관과 연결되는 몽소 공원에서 휴식을 취할수 있어 좋다.
- 주소 _ 63, rue de Monceau, 75008 Paris
- 개관 시간 _ 10:00~17:30
- 휴관 _ 월요일, 화요일

프티 팔레, 파리 시립 미술관
Petit Palais, Musée des beaux-arts de la ville de Paris
1900년 파리 엑스포를 위해 세워진 건축물로, 1902년 상설전과 특별전을 하는 파리 시립 미술관으로 개관했다. 중세와 르네상스의 예술품, 18세기의 가구들을 구경하는 것도 좋지만 카페 프티 팔레에서의 점심 식사가 아주 매력적이다.
- 주소 _ avenue Winston Churchill, 75008 Paris
- 교통 _ 지하철 1, 13호선 샹젤리제-클레망소 (Champs-Élysées-Clemenceau) 역
- 개관 시간 _ 10:00~18:00
- 휴관 _ 월요일

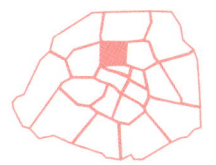

9e arrondissement
파리 제 9구

밤이면 환상적으로 바뀌는 오페라 극장이 있는 곳이자, 프랭탕 백화점과 프랑스의 대표적인 백화점인 갈레리 라파예트의 본점이 있어 쇼핑타운으로 유명하다. 오페라 하우스 주변으로는 한국 음식점이나 식품점이 많으므로, 한국 음식이 그리운 날 9구를 둘러보길 추천한다.

소문난 곳

오페라 가르니에 Opéra Garnier
프랑스의 유명한 건축가 가를 샤를리에가 설계한 건물이다. 1875년 개장한 이래 수많은 오페라와 발레 공연이 상연되고 있다. 야경이 무척 아름답기로 유명하다.
- 주소 _ 8, rue Scribe, 75009 Paris

프랭탕 백화점 Magasins du Printemps
1865년에 연 대형 백화점이다. 프랑스 문화유산으로 지정되었을 정도로 아름다운 외관을 가진 파리의 대표적인 건축물이다.
- 주소 _ 102, rue de Provence, 75009 Paris
- 개점 시간 _ 9:30~19:00 (목요일은 22:00까지)

갈레리 라파예트 Galeries Lafayette
프랭탕 백화점과 함께 손꼽히는 파리의 대표적인 백화점으로, 본점 건물의 아르누보식의 장식과 화려한 돔이 유명하다.
- 주소 _ 48, boulevard Haussmann, 75009 Paris

그레뱅 박물관 Musée Grévin
19세기 말에 세워진 밀랍 인형 박물관이다. 300여 개의 유명인사들의 모습과 역사적인 사건들이 밀납으로 재현되어 있다.
- 주소 _ 10, boulevard Montmartre, 75009 Paris

추천하는 곳

파사주 주프루아 Passage jouffroy
2구 경계선까지 140m 길이의 유리 천장이 있는 상점가로, 비 오는 날 비도 피할 겸 상점 구경도 할 겸 들르기 좋은 곳이다.
- 주소 _ 10, boulevard Montmartre, 75009 Paris

파사주 베르도 Passage verdeau
75m 길이의 유리 천장이 있는 상점가로 우리나라의 재래시장을 연상하게 하는 소박함과 푸근함이 묻어 있다.
- 주소 _ 6, rue de la Grange-Batelière, 75009 Paris

낭만주의 미술관
Musée de la vie romantique
화가 아리 세퍼가 생전에 살았던 집으로, 파리의 3대 문인 박물관 중 하나이다. 19세기 낭만주의에 영향을 받은 소설가와 미술가들의 작품들이 전시되어 있다. 파리지앵에게 인기 있는 미술관으로, 박물관 바로 옆에 카페 랭솔리트(L'insolite)가 있어 자꾸만 가고 싶어지는 곳이다.
- 주소 _ 16, rue Chaptal, 75009 Paris
- 개관 시간 _ 10:00~18:00
- 휴관 _ 월요일, 프랑스 공휴일

10e arrondissement
파리 제 10구

파리 20개의 구역 중에 두 번째로 인구밀도가 높은 주택가이자, 파리 북부 터미널과 동부 터미널이 있어 유동인구가 많은 활기찬 지역이다. 10구의 북부 터미널과 동부 터미널을 이용하면 다른 유럽 국가를 열차로 편리하게 여행할 수 있다.

참고할 곳

북부 터미널 Gare du nord
런던, 브뤼셀, 암스테르담, 쾰른, 함부르크, 베를린행 국제열차와 프랑스 북부 지방행 열차를 운행한다.

동부 터미널 Gare de l'est
룩셈부르크, 독일의 슈투트가르트, 프랑크푸르트, 뮌헨, 스위스 취리히행 국제열차 및 프랑스 동북부 지방(독일과 스위스 국경 지방)행 열차를 운행한다.

추천하는 곳

생마르탱 운하 Le canal Saint-Martin
영화 〈아멜리에(Le Fabuleux Destin d'Amélie Poulain)〉의 촬영장소이다. 10구와 11구를 잇는 길이 4,55km의 긴 운하로, 영화의 흥행에 비해 이곳을 찾는 사람들은 거의 없다. 센 강과 연결되는 운하이지만 센 강에서는 느낄 수 없는 한가함과 스산함이 운치 있다.
- 교통 _ 지하철 7호선 샤토랑동(Château-Landon) 역 주변

생캉탱 시장 Marché Saint-Quentin
파리의 오래된 재래 식료품 시장이다. 재래시장 구경을 좋아한다면 찾아보자.
- 주소 _ 85, bis boulevard Magenta, 75010 Paris
- 개장 시간 _ 8:00~20:00 일요일 8:30~13:30
- 휴관 _ 월요일

11e arrondissement
파리 제 11구

파리 20개의 구역 중에 가장 인구밀도가 높은 주택가이자, 레스토랑과 바가 밀집해 있는 11구 내 북쪽, 오베르캄프 거리는 젊은 파리지앵에게 인기 있는 유흥가다.

소문난 곳

오베르캄프 거리 Rue oberkampf
파리의 젊은이들이 선호하는 곳으로 카페 거리로 유명하다.
- 교통 _ 지하철 3호선 파르망티에(Parmentier) 역

에디트피아프 박물관 Musée Édith-Piaf
1977년에 개관한 박물관으로 프랑스의 전설적인 샹송 가수 에디트 피아프에 관한 자료를 전시하고 있다.
- 주소 _ 5, rue Crespin du Gast, 75011 Paris

시르크 디베르 Cirque d'hiver
1851년에 설립된 서커스 극장으로 '겨울 서커스'라는 뜻의 이름이지만 패션쇼 등 다양한 공연이 열린다.
- 주소 _ 110, rue Amelot, 75011 Paris
- 교통 _ 지하철 8호선 피유 뒤 칼베르(Filles du Calvaire) 역

12e arrondissement
파리 제 12구

뱅센느 숲이 있는 12구는 파리 20개 구 중 가장 넓다. 센 강변을 따라 프랑스 정부단체 경제부, 재정부, 산업부와 RATP(파리 교통공사)본사가 들어서 있다. 시네마테크 프랑세즈 Cinémathèque française, 프랑스 최대의 실내 경기장 팔레 옹니스포르 드 파리베르시와 같은 문화 체육시설도 마련되어 있다. 뿐만 아니라 뱅센느 숲과 베르시 공원이 있어 녹색도시 파리를 연상케 한다.

소문난 곳

시네마 박물관 Musée du cinema
1972년 설립된 박물관으로 영화의 역사와 관련된 도구와 서류, 시나리오, 포스터 등 재미있는 수집품을 전시한다.
- 주소 _ 51, rue de Bercy, 75012 Paris

팔레 옹니스포르 드 파리베르시
Palais omnisports de Paris-Bercy
다양한 스포츠 행사와 콘서트가 열리는 프랑스 최대의 실내 경기장이다.
- 주소 _ 8, boulevard de Bercy, 75012 Paris

베르시 공원 Parc de Bercy

20세기 후반 베르시 지구의 개발계획에 따라 조성된 현대식 공원이다. 철학가의 정원, 장미 정원 등 다양한 테마를 가진 정원과 문화시설이 인기가 있다.

• 교통 _ 지하철 14호선 쿠르 생테밀리옹(Cour Saint-Émilion) 역

베르시 빌라주 Bercy Village

12구의 중심 상점가라 사람들이 많기는 하지만, 깨끗하고 귀엽게 잘 조성되어서 그다지 복잡하게 느껴지지 않는다. 예쁜 레스토랑과 상점들이 무척 귀여운 타운이다.

• 교통 _ 지하철 14호선 쿠르 생테밀리옹(Cour Saint-Émilion) 역 주변

추천하는 곳

뱅센느 숲 Bois de Vincennes

햇살 좋은 날, 하루쯤 날을 잡고 가야 편안히 있을 수 있는 넓은 숲이다. 푸른 도시 파리지만, 보다 더 본격적인 자연을 느끼고 싶을 때 가보면 좋다. 숲에는 파리 동물원(Parc zoologique de Paris), 자크앙크틸 자전거 경기장(Vélodrome Jacques-Anquetil), 뱅센느 경마장(Hippodrome de Vincennes) 등이 있다.

• 교통 _ 지하철 1호선 샤토 드 뱅센느(Château de Vincennes) 역에서 도보로 20분

13e arrondissement
파리 제 13구

어마어마한 규모의 프랑스 국립도서관이 있는 곳으로 유명한 구역이다. 파리 최대의 차이나타운이 있어 현지에 사는 동양인들이 많이 찾는 곳이기도 하다.

소문난 곳

프랑스 국립도서관
Bibliothèque nationale de France
루이 11세가 1480년에 만든 왕실 도서관에서 비롯된 세계에서 가장 오래된 도서관이다. 현재 파리 13구의 국립도서관은, 1988년 미테랑 대통령의 세계 최대 도서관 건설 계획에 의해 새로 만들어진 것으로 1996년 12월부터 일반에 공개되었다. 서적 및 악보, 원고, 지도, 사진 등 방대한 양을 소장한 세계 최대 규모의 도서관이다.
• 주소 _ 11, quai François Mauriac, 75013 Paris
• 홈페이지 _ www.bnf.fr

차이나타운 Le quartier chinois
파리에서 중국, 베트남 사람들이 가장 많이 살고 있는 곳으로 다양한 아시아 음식을 맛볼 수 있다.
• 주소 _ avenue de Choisy 일대

추천하는 곳

뷔테 오 카유 거리
Rue de la Butte-aux-Cailles
예쁘고 앙증맞은 가게들이 즐비한 거리다. 친구와 함께 파리에 왔다면 꼭 같이 가보길 바란다. 특히 여성들에게 추천한다.
• 교통 _ 지하철 6호선 코르비자르(Corvisart) 역에서 도보로 6분 정도

14e arrondissement
파리 제 14구

14구는 6, 7, 15구의 일부분과 함께 '몽파르나스Montparnasse'지구라고도 불리며 몽마르트르와 더불어 예술가들이 많이 모였던 곳으로 알려진 지역이다. 예술가의 마을로 알려진 곳인 만큼 구내의 몽파르나스 공동묘지에는 많은 시인과 소설가들이 안장되어 있다.

소문난 곳

몽수리 공원 Parc Montsouris
19세기 말 파리에서 녹지를 넓히기 위해 만든 공원으로 넓은 잔디밭과 호수가 아름다운 곳이다.
· 교통 _ RER B선 시테 위니베르시테르(Cité Universitaire) 역

몽파르나스 공동묘지
Cimetière du Montparnasse
1824년에 세워진 공동묘지로 사무엘 베케트(Samuel Beckett), 장 폴 사르트르(Jean Paul Sartre)와 시몬 드 보부아르(Simone de Beauroir), 보들레르(Bau delaire) 등 프랑스의 많은 예술가가 묻혀 있다.
· 주소 _ 3, boulevard Edgar Quinet, 75014 Paris
· 교통 _ 지하철 4, 6, 13호선 에드가 키네(Edgar Quinet) 역, 4, 6호선 라스파유(Raspail) 역, RER B선 포르 루아얄(Port Royal) 역

15e arrondissement
파리 제 15구

    20개 구 중에 가장 많은 주민이 살고 있는 15구는, 파리에서 가장 높은 빌딩인 투르 몽파르나스부터, 센 강의 인공섬인 시뉴 섬(15구와 16구 모두에 포함됨)에 이르기까지 20개 구 중 세 번째로 큰 구로 다양한 모습을 가지고 있는 곳이다. 숲을 포함하고 있는 12구와 16구를 제외하면 가장 큰 구이다.

소문난 곳

파스퇴르 학회 박물관
Musée de l'institut Pasteur
파스퇴르 연구소에 있는 박물관으로 세균학의 아버지 루이 파스퇴르(Louis Pasteur)의 생애와 업적을 기리기 위해 지어졌다.
• 주소 _ 25~28, rue du Docteur Roux, 75015 Paris

앙드레시트로앵 공원 Parc André-Citroën
시트로앵 자동차 회사가 있었던 곳으로 회사의 창립자 앙드레 시트로앵(André Citroën)의 이름을 따서 만든 현대적인 스타일의 공원이다.
• 교통 _ 지하철 8호선 발라드(Balard) 역

투르 몽파르나스 Tour Montparnasse
높이 210미터의 파리에서 유일한 고층건물이다.
• 주소 _ 33, avenue du Maine, 75015 Paris

아틀랑티크 정원 Jardin Atlantique

몽파르나스 역의 역사 지붕 위에 만들어진 독특한 정원이다.

- **주소 _** 21, avenue du Maine, 75015 Paris

추천하는 곳

백조의 산책로 L'allée des Cygnes

센 강의 비르아켐 다리와 그르넬르 다리 사이까지의 시뉴 섬 안에 있는 산책로다. 백조의 산책로라는 이름만큼 우아하지는 않지만, 소박한 산책로에서 바라보는 파리의 일상이 편안하다. 산책로 끝의 그르넬르 다리 밑에는 자유의 여신상이 있는데 프랑스가 미국의 독립 100주년을 기념해서 선물한 자유의 여신상에 대한 답례로, 프랑스에 살고 있는 미국인들이 프랑스 혁명 100주년을 기념으로 기증했다고 한다. 뉴욕에 있는 자유의 여신상보다는 작다.

- **교통 _** 지하철 6호선 비르아켐(Bir-Hakeim) 역, 또는 RER C선 샹 드 마르스-투르 에펠(Champ de Mars-Tour Eiffel) 역

16e arrondissement
파리 제 16구

'파시Passy 지구(센 강을 끼고 에펠탑 건너편까지의 일대)'라 불리는 고급주택가로 유명한 16구는 서쪽 끝으로 불로뉴 숲을 포함하고 있어 뱅센느 숲을 포함한 12구 다음으로 넓다. 파리의 부자들이 많이 살고 있으며 샤요 궁전을 비롯해 많은 박물관과 문화시설 등을 골고루 갖추고 있어 관광하기에도 생활하기에도 좋은 지역이다.

소문난 곳

샤요 궁전(국립 해양박물관/인류학 박물관/건축, 문화유산 박물관)
Palais de Chaillot(Musée national de la marine/Musée de l'homme/Cité de l'architecture et du patrimoine)
구 트로카데로 궁전 자리에 1937년 파리 만국 박람회에 맞춰 새로 지은 신고전주의 건축 양식의 건물이다. 궁 안에 다양한 박물관이 있다. 에펠탑 정면에 있어 에펠탑을 가장 아름답게 볼 수 있는 곳으로 유명하다.
• 주소 _ 1, place du Trocadéro, 75116 Paris

트로카데로 정원(시네아쿠아 수족관)
Jardin du Trocadéro(CinéAqua)
에펠탑을 마주보고 있는 샤요 궁전 앞마당과 같은 아름다운 정원이다. 지하에 있는 시네아쿠아 수족관에는 파리지앵들이 어린 자녀와 견학차 자주 발걸음 한다.
• 주소 _ 11, place du Trocadéro, 75116 Paris

의상 장식 박물관 Musée Galliera
18세기부터 현대까지의 의상과 장식품을 전시하고 있는 박물관이다. 2013년 현재 공사 중이므로, 방문 시 박물관 홈페이지를 미리 확인하자.
• 주소 _ 10, avenue Pierre 1er de Serbie, 75116 Paris

팔레 드 도쿄, 파리 시립 현대미술관
Palais de Tokyo, Musée d'art moderne de la ville de Paris
2002년에 개관한 현대 미술관이다. 현대 회화, 조각, 일러스트, 만화, 비디오 아트, 디자인 등 다양한 문화 전시를 한다.
• 주소 _ 13, avenue du Président Wilson, 75116 Paris

프랑스 라디오 박물관
Musée de Radio-France
라디오와 텔레비전의 역사와 정보를 담은 자료를 전시하고 있다.
• 주소 _ 116, avenue du Président Kennedy, 75016 Paris

와인 박물관 Musée du Vin
처음에는 에펠탑 레스토랑의 와인 저장소였다가 다양한 종류의 와인과 와인의 역사를 소개하는 박물관이 되었다. 소설가 발자크는 빚쟁이의 독촉을 피해 그의 집 바로 뒤편에 위치한 이곳으로 피신을 다녔다고 한다.
• 주소 _ 5, square Charles Dickens, 75016 Paris

마르모탕 모네 미술관
Musée Marmottan Monet
미술관 건물은 마르모탕 가문이 수집한 미술품을 보관하는 장소였으나, 폴 마르모탕이 수집한 미술품과 건물을 프랑스 예술아카데미에 기증하였다. 마르모탕 미술관에는 모네의 대표작을 비롯하여 300점이 넘는 인상파와 신인상파의 작품들을 소장하고 있다.
• 주소 _ 2, rue Louis Boilly, 75016 Paris
• 홈페이지 _ www.marmottan.com

개선문 Arc de Triomphe de l'Étoile
나폴레옹이 전쟁에서 승리한 것을 기념하기 위해 만든 것으로, 로마 티투스 황제의 개선문을 본떠 설계했다. 8, 16, 17 구의 경계지점이라 16구에도 해당된다.
- 교통 _ 지하철 1, 2, 6호선, RER A선 샤를 드 골-에투알(Charles de Gaulle-Étoile) 역

- 개관 시간 _ 화요일~일요일 10:00~18:00
- 휴관 _ 월요일

추천하는 곳

기메 미술관 Musée Guimet
1878년에 개관한 국립 동양미술관으로 한국, 중국, 일본을 비롯한 아시아의 예술품이 전시되어 있다. 김홍도의 민화를 볼 수 있어 무척 반가웠던 이곳은 무엇보다도 도서관이 훌륭하다. 관람을 마친 후 도서관에 반드시 들러보자.
- 주소 _ 6, place d'Iéna, 75116 Paris
- 개관 시간 _ 월요일~일요일 10:00~18:00
- 휴관 _ 화요일

발자크의 집 Maison de Balzac
소설가 발자크의 삶과 업적을 기리기 위해 그가 살던 집을 박물관으로 꾸며 1949년 개관했다. 정겨운 느낌이 드는 파리의 숨은 매력적인 장소이다.
- 주소 _ 47, rue Raynouard, 75016 Paris

불로뉴 숲 Bois de Boulogne
846만 평방미터나 되는 넓은 숲으로, 4대 그랜드슬램 중 하나인 프랑스오픈이 열려 세계적으로 유명한 롤랑가로 경기장(Stade Roland-Garros), 롱샹 경마장(Hippodrome de Longchamp), 어린이들을 위해 유원지로 조성된 다클리마타시옹 공원(Jardin d'acclimatation) 및 바가텔 공원(Jardin de Bagatelle) 등 볼거리가 많다. 넓은 숲 전체를 편안히 둘러보려면 사실 하루로도 부족하다. 만약 한 번밖에 갈 시간이 없다면 바가텔 공원을 추천한다.
- 교통 _ 지하철 1호선 포르트 마요(Porte Maillot) 역에서 244번 버스를 타고 자르댕 드 바가텔(Jardin de Bagatelle) 역 하차

17e arrondissement
파리 제 17구

제 17구는 국제회의장Palais des Congrès de Paris, 음악사범학교 같은 시설과 자그마한 공원들과 주택가가 공존하는 파리지앵의 생활이 있는 지역이다.

소문난 곳

개선문 Arc de Triomphe de l'Étoile
8, 16, 17구의 경계지점이라 17구에도 해당된다.
· 교통 _ 1, 2, 6호선, RER A선 샤를 드 골-에투알(Charles de Gaulle-Étoile) 역

장자크 에네르 미술관 Musée national Jean-Jacques Henner
정식 명칭은 장자크 에네르 국립 박물관이다. 1924년 문을 열었고, 1943년에 국립 박물관이 되었다. 프랑스의 화가 장자크 에네르의 작품과 자료를 전시하고 있다.
· 주소 _ 43, avenue de Villiers, 75017 Paris

클리시바티뇰-마틴 루터 킹 공원 Parc Clichy-Batignolles-Martin Luther King
마틴 루터 킹 사망 40주기를 맞아 이름 지어진 공원으로 지역 주민을 위한 간단한 스포츠 시설을 잘 갖추어 놓았다.
· 교통 _ 지하철 13호선 브로샹(Brochant) 역

추천하는 곳

시테 데 플뢰르 Cité des Fleurs
17구 주민들이 추천하는 아름다운 주택가이자 산책로이다. 320m 길이의 짧은 골목이 양쪽으로 들어서 있는, 서로 다른 양식의 건물과 아기자기한 집들이 마법에 걸린듯 색다른 분위기를 자아낸다. 섬세하고 조용한 골목 안을 놓치지 않고 산책해보자.
- **주소** _ Cité des Fleurs, 75017 Paris
- **교통** _ 지하철 13호선 브로샹(Brochant) 역에서 도보 5분

바티뇰 광장 Square des Batignolles
예쁘게 정비해놓은 연못에 다양한 조류가 살고 있는 친환경 녹지 공원이다. 이 공원 뒤에서 열리는 벼룩시장을 구경하는 재미도 쏠쏠하다.
- **주소** _ Rue des Batignolles, 75017 Paris
- **교통** _ 지하철 13호선 브로샹(Brochant) 역

18e arrondissement
파리 제 18구

예술가의 숨결이 넘쳐나는 몽마르트르가 있어 세계적으로 유명한 관광지이자 20개 구 내에서 두 번째로 많은 주민이 살고 있는 파리의 서민 주택지구로, 복잡함이 활기차게 느껴지는 정겨운 지역이다.

소문난 곳

몽마르트르 공동묘지
Cimetière de Montmartre
1795년 조성된 공동묘지로 에밀 졸라(Émile Zola), 드가(Degas), 스탕달(Stendhal) 같은 유명 인사들이 묻혀 있다.
- 주소 _ 20, avenue Rachel, 75018 Paris

사크레쾨르 대성당
Basilique du Sacré-Cœur
파리에서 가장 높은 몽마르트르 언덕 꼭대기에 있는 대성당으로 비잔틴 양식의 하얀색 돔이 아름다운 건축물이다.
- 주소 _ 35, rue du Chevalier de la Barre, 75018 Paris

물랭 루즈 Moulin Rouge
붉은 풍차라는 뜻을 가진 댄스홀로, 몽마르트르를 상징하는 곳 중에 하나이다. 늦은 밤 이곳에서의 리도 쇼를 보기 위해 많은 사람들이 모여든다.
- 주소 _ 82, boulevard de Clichy, 75018 Paris

몽마르트르 생피에르 성당
Église Saint-Pierre de Montmartre
몽마르트에 있는 유서 깊은 교회이다. 프랑스 혁명을 거치면서 상당 부분 파손되었으나 19세기 재건사업을 통해 고풍스러운 옛 모습을 되찾았다.
· 주소 _ 2, rue du Mont Cenis, 75018 Paris

테르트르 광장 Place du Tertre
카페와 레스토랑으로 둘러싸인 광장으로 거리의 화가와 여행자들로 항상 북적인다.
· 주소 _ place du Tertre, 75018 Paris

추천하는 곳

생드니 대성당 Basilique Saint-Denis
생드니 대성당은 파리에 있는 게 아니라 생드니(Saint-Denis)라는 지역에 있지만, 18구와 아주 가까워서 지하철로 쉽게 갈 수 있다. 프랑스의 역대 군주와 왕족들의 유해가 안장되어 있는 곳으로 유명하며 고딕 양식의 성당 건물은 건축학적으로도 큰 가치가 있다.
· 주소 _ 1, place de la Légion d'Honneur, 93200 Saint-Denis
· 교통 _ 지하철 13호선 생드니-포르트 드 파리(Saint-Denis-Porte de Paris) 역

몽마르트르 미술관
Musée de Montmartre
복작이는 몽마르트르의 테르트르 광장에서 벗어나 편하고 한가하게 몽마르트르를 거쳐간 예술가들의 작품을 감상하고 싶다면 반드시 들러보자.
· 주소 _ 12, rue Cortot, 75018 Paris
· 개관 시간 _ 월요일~일요일 10:00~18:00

19e arrondissement
파리 제 19구

20개 구 중에 5번째로 큰 19구는 다른 지역에 비해 모던한 느낌이 드는 서민 주택지구이다. 유명한 관광명소는 없지만 곳곳에 푸른 공원과 오래된 성당이 있다. 다만 19구는 18구의 일부 지역과 더불어 우범 지역이므로, 늦은 밤에는 혼자 가지 않는 편이 좋다.

소문난 곳

파리 과학 산업관
Cité des sciences et de l'industrie
유럽 전체에서 가장 큰 규모를 자랑하는 과학 관련 전시관이다. 과학과 산업 기술에 관한 자료들이 전시되어 있고, 어린이들을 위한 다양한 체험 시설을 갖추고 있다.
- 주소 _ 30, avenue Corentin Cariou, 75019 Paris
- 개관 시간 _ 월요일~토요일 10:00~18:00, 일요일 10:00~19:00

추천하는 곳

뷔트쇼몽 공원
Parc des Buttes-Chaumont
뷔트쇼몽 공원에서 보는 파리의 파노라마는 에펠탑이나 몽마르트르에서 보는 것보다 훨씬 아름답다. 야경이 더 아름다운 파리의 밤 파노라마를 이곳에서 볼 수 있으면 좋겠지만, 밤에는 위험할 수 있으니 혼자서는 가지 않는 편이 좋다. 낮 시간이라도 친구와 동행하는 것이 좋으며 귀중품을 도난당하지 않도록 주의해야 한다.
- 교통 _ 지하철 7 bis선 뷔트쇼몽(Buttes-Chaumont) 역

20e arrondissement
파리 제 20구

20개 구 중에 세 번째로 많은 주민들이 살고 있는 주택지구이지만, 페르라셰즈 공동묘지가 있어서 현지인과 관광객들이 많이 찾는 곳이다.

소문난 곳

페르라셰즈 공동묘지
Cimetière du Père-Lachaise

비가 부슬부슬 오던 날 모딜리아니(Modigliani)의 묘지를 찾아 나섰다. 엄청난 묘지의 규모에 길을 잃어 고생스럽긴 했지만, 공동묘지라고 하기에는 너무나도 아름다운 모습에 놀랐다. 알퐁스 도데(Alphonse Daudet), 이사도라 던컨(Isadora Duncan), 이브 몽탕(Yves Montand), 오스카 와일드(Oscar Wilde), 짐 모리슨(James Morrison), 쇼팽(Chopin) 등 유명한 예술가와 정치인, 철학자들이 잠들어 있다.
- 주소 _ 16, rue du Repos, 75020 Paris
- 개장 시간 _ 8:00~12:00, 14:00~17:00
- 휴무 _ 토요일, 일요일

À table! ♡

테이블 위의 행복

달콤한 파리의 상징, 마카롱
식후에는 치즈 한 조각
프랑스 요리에 빠질 수 없는 또 하나의 음식, 와인
생각보다 간단한 프랑스 가정식 레시피
파리 식도락

달콤한 파리의 상징, 마카롱

À table!

관광으로 유명한 나라들은 그 나라를 상징하는 이미지가 있다. 미국 하면 '자유의 여신상', 이탈리아 하면 '콜로세오', 프랑스 하면 '에펠탑'이 가장 먼저 떠오르는 식이다. 파리 곳곳에는 각종 에펠탑이 넘쳐난다. 기념품 가게의 작은 에펠탑 모형은 물론, 에펠탑 모양 초콜릿, 과자, 파스타, 볼펜, 책의 표지에도 에펠탑, 에펠탑 천지다. 파리에 도착한 뒤 에펠탑과 관련된 것을 보지 않은 날이 하루도 없었던 것 같다.

동글납작한 모양의 '그것'도 그랬다. 파리 어디에서나 에펠탑을 볼 수 있듯이, 파스텔 빛을 띤 알록달록하고 앙증맞은 그것도 어디에나 있었다. '저게 뭐지? 여자아이들의 장난감인가? 화장품 같기도 하고, 혹시 먹는 건가?' 하루에도 몇 번씩 볼 때마다 궁금했다. 그러던 어느 날 한 남자가 거리에서 연노랑색의 그것을 먹고 있는 모습을 보았다. '아, 역시 먹는 거였어!' 그제야 알게 된 동글납작한 그것의 이름은 바로 마카롱Macaron이다. 요즘은 우리나라에도 많이 파는 마카롱을 나는 촌스럽게도 파리에 와서야 처음으로 맛보았다.

연노랑, 연두, 연분홍, 연보라 등 따스한 봄 햇살을 연상시키는 마카롱의 여린 색감은 우선 눈을 즐겁게 한다. 한입 베어 물면 폭신하고 가볍게 부서지

는 식감이 쫀득함으로 바뀌는 순간, 마카롱의 달콤함에 매료되고 만다. 로마에 시원하고 달콤한 젤라토가 있다면 파리에는 낭만적이고 달콤한 마카롱이 있다. 마카롱은 에펠탑 못지않은, 파리의 달콤한 상징이다.

마카롱에 대해

'마카롱'이라는 이름은 어디에서 온 것일까? 처음 들었을 때는 마카로니와 비슷하다고 생각했는데 진짜로 '마카로니'에서 '마카롱'이라는 이름이 유래된 것이라 한다. 우리나라에서 마카로니Macaroni라는 프랑스식 이름으로 불리는 파스타의 이탈리아 이름은 마케로네Maccherone이다. 마카롱은 바로 이 마케로네의 이탈리아 남부 지방 사투리 마카로네Maccarone에서 유래했다.

16세기 이탈리아 피렌체의 카테리나 데 메디치Caterina de' Medici가 프랑스의 앙리 2세Henri II 와 결혼하면서 이탈리아의 음식과 문화를 프랑스에 가져왔는데 그중 한 종류의 과자가 지금의 마카롱이 된 것이라고 알려져 있다. 하지만 그 과자는 아몬드 분말로 만든 아마레토Amaretto라는 이탈리아 비스킷으로 마카롱의 한 형태일 뿐, 아마레토가 마카롱이 된 것은 아니다.

마카롱은 달걀 흰자를 거품낸 머랭Meringue에 아몬드 가루와 설탕을 넣어 만든 과자를 일컫는다. 가장 오래된 마카롱은 791년부터 만들기 시작한 프랑스 루아르Loire 지방 코메리 수도원의 마카롱Macaron de Cormery으로, 이곳의 마카롱은 오늘날까지 지방 특산품으로 인기가 있다. 그밖에도 프랑스 남서부의 생테밀리옹Saint-Émilion에서 13세기부터 만든 마카롱 크라클레Macaron craquelé, 프랑스 북부 아미앵에서 16세기부터 만든 마카롱 다미앵Macaron d'Amiens, 북부 낭시에서 18세기부터 만든 쇠르 마카롱Soeur Macaron 등이 유명하다. 우리가 일반적으로 알고 있는 두 개의 과자 사이에 잼이나 크림을 샌드한 마카롱은 마카롱 파리지앵^{Macaron Parisien}이라 부르는 것으로, 파리 도심의 파티스리^{Pâtisserie}(과자 가게, 제과점) 라뒤레^{Ladurée}에서 1930년에 처음으로 만든 것이다.

/ 마카롱을 선물할 때는!

마카롱은 밀가루가 아닌 아몬드 분말로 만들기 때문에 살짝만 건드려도 쉽게 부서진다. 처음에는 그걸 모르고 마카롱을 비닐봉지에 포장해서 선물하려다가 산산조각이 나버려 결국 선물도 하지 못하고 혼자 다 먹어 치워야 했다. 마카롱을 선물할 때는 꼭 단단한 상자에 담도록 하자!

파리 여행 정보 9

파리에서 가장 맛있는 마카롱

　마카롱은 파리 어디에서나 쉽게 살 수 있지만 그 맛은 천차만별이다. 자칫하면 지나치게 달기만 한 마카롱을 맛보고 실망할 수 있다. 마카롱은 역시 맛있는 파티스리를 찾아가서 맛봐야 그 진가를 알 수 있다는 게 파리에 지내면서 알게 된 맛있는 마카롱 먹기의 노하우다. 마카롱이 맛있는 집은 마카롱만이 아니라 다른 케이크도 다 맛있다는 것도 파리지앵의 상식이다. 파리의 수많은 파티스리 중에서도 정말 탁월한 맛을 선보이는 다섯 곳을 자신 있게 소개한다.

라뒤레 Ladurée

1862년 마들렌 성당(Église de la Madeleine) 앞에 문을 연 파리 토박이 파티스리이다. 중간에 크림이나 잼을 샌드하는 지금의 마카롱인 일명 마카롱 파리지앵을 1930년에 처음으로 만들어 팔기 시작한 곳으로 현지인과 여행자로 항상 붐빈다. 파리 시내에 8개의 체인점이 있고 샤를 드 골 공항(Charles de Gaulle Airport, CDG), 오를리 공항(Orly Airport)에도 입점해 있으며, 얼마 전 한국에도 체인점을 열었다. 라뒤레에서는 마카롱뿐만 아니라 몽블랑 케이크(Gâteau Mont-blanc)도 반드시 맛보길 바란다.

- **주소** 16, rue Royale, 75008 Paris (1862년 개점한 본점)
- **교통** 지하철 1호선, 8호선, 12호선 콩코르드(Concorde) 역
또는 8호선, 12호선, 14호선 마들렌(Madeleine) 역
- **전화번호** +33 01 42 60 21 79
- **영업시간** 월요일~목요일 8:30~19:30, 금요일~토요일 8:30~20:00, 일요일·축일 10:00~19:00
- **홈페이지** www.laduree.fr

피에르 에르메 파리 Pierre Hermé Paris

파리지앵에게 "파리에서 제일 맛있는 마카롱을 파는 곳이 어디인가요?"라고 물으면 첫 번째로 돌아오는 대답이 바로 피에르 에르메 파리이다. '파티스리계의 피카소'라 불리는 파티시에(Pâtissier)인 피에르 에르메가 문을 연 파티스리로, 다소 비싼 편이지만 그만큼 맛있다. 특히 자스민 맛(Jasmin) 마카롱은 입에 넣는 순간 눈이 번쩍 뜨일 정도로 맛있다. 또한 상큼한 맛이 돋보이는 레몬 타르트(Tarte Infiniment Citron)와 피에르 에르메의 또 다른 자랑인 이스파한(Ispahan)도 반드시 맛보길 바란다. 파리에 6개의 체인점이 있고 라파예트 백화점과 파를리 백화점에도 입점해 있다.

주소	72, rue Bonaparte, 75006 Paris
교통	지하철 4호선 생쉴피스(Saint-Sulpice) 역
전화번호	+33 01 43 54 47 77
영업시간	일요일~수요일 10:00~19:00, 목요일~금요일 10:00~19:30, 토요일 10:00~20:00
홈페이지	www.pierreherme.com

카레트 Carette

2012년 프랑스 맛 칼럼 기자들이 뽑은 '파리에서 제일 맛있는 마카롱' 매장이다. 얼핏 보기에는 카페로 보이지만 유명한 파티스리로 차와 커피, 특히 핫초코(Chocolat Chaud)가 맛있다. 마카롱 중에는 환상적인 맛의 산딸기맛(Framboise)을 추천한다. 신용카드를 사용할 때는 15유로가 넘어야 결제가 가능하므로 현금을 준비하자. 2009년에는 보주 광장에 2호점을 열었다.

주소	4, place du Trocadéro, 75016 Paris(본점)
교통	지하철 6호선, 9호선 트로카데로(Trocadéro) 역
전화번호	+33 01 47 27 98 85
영업시간	월요일~일요일 7:00~24:00
홈페이지	www.carette-paris.com

사다하루 아오키 파리 Sadaharu Aoki Paris

호기심 많은 파리의 보보스 사이에서 인기 있는 곳으로, 일본인 파티시에 아오키 사다하루(青木定治)가 2001년 12월에 파리 6구에 문을 열었다. 파리 5, 15구에 체인점이 있고, 9구의 라파예트 백화점에도 입점했다. ANA 항공 파리발 일본행 전 비행기의 비즈니스석 및 퍼스트 클래스용 기내식 디저트를 이곳에서 제공하고 있다. 일본인 파티시에가 만들어내는 마카롱과 케이크는 프랑스의 단맛에 동양의 단맛을 가미한 단아한 느낌이다. 유자와 마카롱이 절묘한 조화를 이루는 유자맛(Yuzu) 마카롱을 추천한다. 개인적으로는 호지차맛(Hojicha)을 좋아하지만 호지차를 마셔본 적이 없다면 낯설 수도 있다. 독특한 맛으로는 와사비맛(Wasabi) 마카롱도 있다.

- **주소** 35, rue de Vaugirard, 75006 Paris(본점)
- **교통** 지하철 4호선 생플라시드(Saint-Placide) 역 또는 12호선 렌(Rennes) 역
- **전화번호** +33 01 45 44 48 90
- **영업시간** 화요일~토요일 11:00~19:00, 일요일 10:00~18:00   **휴무** 월요일
- **홈페이지** www.sadaharuaoki.com(영어, 일본어 지원)

제라드 뮐로 Gérard Mulot

매장 입구와 내부 인테리어는 소박하지만 1975년 문을 연 이래 파리지앵의 꾸준한 사랑을 받고 있는 곳이다. 각종 마카롱, 케이크, 초콜릿은 물론 빵과 샐러드도 팔아 점심시간이면 이곳을 찾는 파리지앵으로 북적인다. 게다가 입소문을 전해들은 여행자들까지 더해 정신이 없을 정도로 복잡하다. 모든 것이 다 맛있지만 그중에서도 산딸기맛(Framboise)과 레몬맛(Citron) 마카롱을 추천한다. 또 행복한 달콤함을 주는 크렘 브륄레(Crème brûlée)를 맛보는 것도 잊지 않길 바란다. 파리 3, 13구에도 체인점이 있다.

주소	76, rue de Seine, 75006 Paris(본점)
교통	지하철 4호선 오데옹(Odéon) 역, 생플라시드(Saint-Placide) 역, 생제르맹데프레(Saint-Germain-des-Près) 역 또는 10호선 오데옹(Odéon) 역, 마비용(Mabillon) 역
전화번호	+33 01 43 26 85 77
영업시간	6:45~20:00 휴무 수요일
홈페이지	www.gerard-mulot.com

식후에는 치즈 한 조각

À table!

"먼저 이거, 이건 두 번째, 이건 세 번째, 이 순서대로 먹어봐!"

치즈를 먹기 전 프랑스 사람들에게 가장 많이 듣던 말이 바로 치즈를 먹는 순서, 번호 매김이다. 로마에서 몇 년을 살았던 내겐, 메인 메뉴가 끝난 뒤 등장하는 치즈가 상당히 생소했다. 이탈리아에서는 식사가 시작되기 전, 식전주 Apéritif 와 함께 치즈를 먹기 때문이다. 거기에 치즈를 먹는 데 순서까지 있다니!

"치즈를 먹을 때도 순서가 있는 거야?"

체면과 격식을 따지는 프랑스인들이라 치즈를 먹을 때조차 정해진 격식이 있는 건지 궁금해서 지나가는 소리로 물어본 한마디에 그들은 기다렸다는 듯 치즈 Fromage 이야기를 시작했다. 우선 치즈를 먹는 순서를 정해준 것은 치즈에 대해 잘 모르는 나를 위한 배려였을 뿐, 따로 먹는 순서가 정해져 있는 건 아니라고 한다. 그들이 알려준 번호는 부드러운 맛에서 강한 맛의 순서로, 그렇게 먹어야 각각의 치즈 맛을 제대로 음미할 수 있다고 한다.

하지만 그렇게 시작된 치즈 이야기는 언제쯤 끝날까 싶을 정도로 길게 이어졌다. 나중에는 본인들이 생각해도 이야기가 너무 길었다 싶었는지, 머쓱

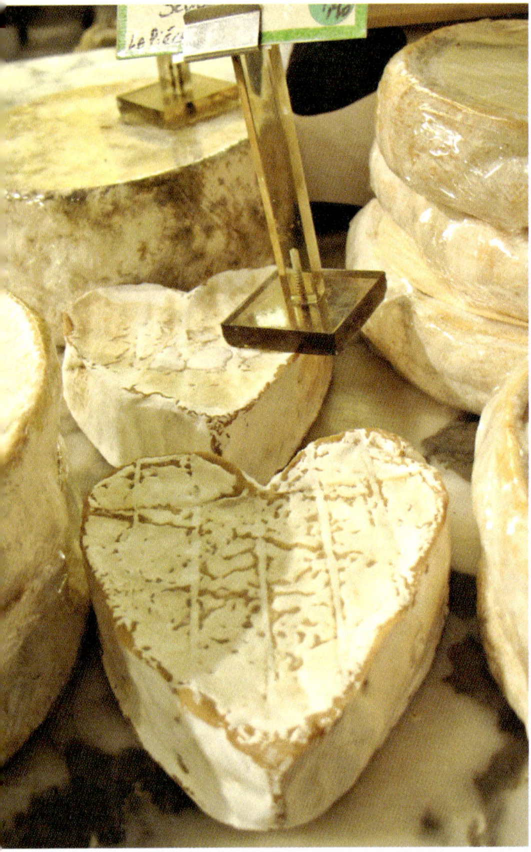

Couronne Lochoise
Capri des Deux-Sèvres

Tomette de Banon
Grou de Bane
Alpes-de-Haute-Provence

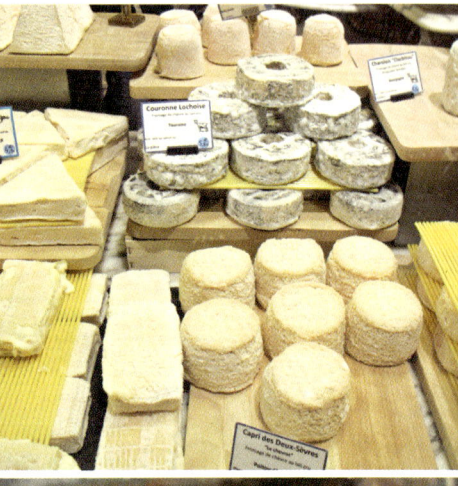

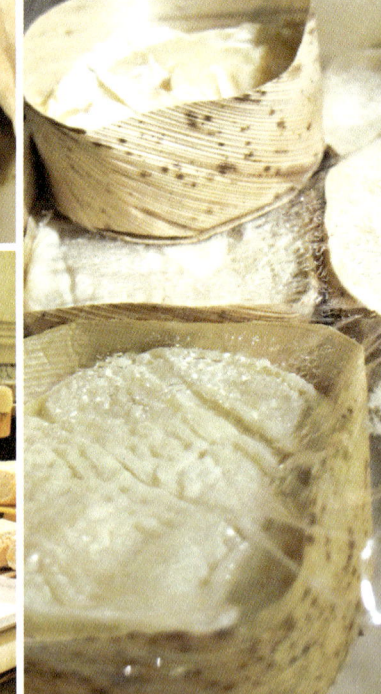

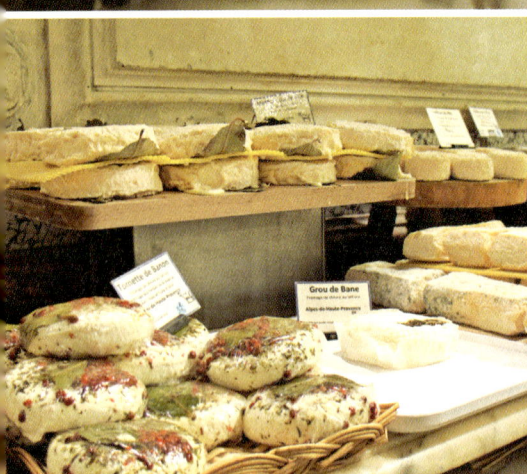

해 하며 치즈에 대한 이야기를 이렇게 마무리했다.

"아마 치즈를 주제로 이렇게 오래 이야기할 수 있는 나라는 세상에서 프랑스밖에 없을 거야!"

246가지 치즈가 있는 나라를 어떻게 다스려야 한단 말인가(Comment voulez-vous gouverner un pays qui a 246 variétés de fromages)?

프랑스의 18대 대통령 샤를 드 골Charles de Gaulle이 했던 말이다. 프랑스를 '246가지 치즈가 있는 나라'로 표현한 것만으로도 프랑스인들의 치즈에 대한 각별한 애정과 자부심을 느낄 수 있다. 수다쟁이 프랑스인들이 모이면 가장 많이 하는 이야기 중 첫 번째는 정치, 두 번째는 음식 이야기인데 그 음식 이야기 중에서도 '치즈'가 차지하는 비중이 가장 크다. 애국심 강한 프랑스인들에게 치즈는 또 하나의 자부심이자 프랑스 사랑이다. 그들의 오래된 치즈 사랑은 여전히 현재 진행형이다.

치즈에 대한 사소한 이야기들

식사에 초대받았을 때는 치즈를 너무 많이 먹지 마세요!

   식사의 마지막 코스로 치즈를 즐기는 프랑스에서는, 남의 집에 초대받았을 때 치즈를 지나치게 많이 먹으면 예의에 어긋난다. 초대한 주인이 손수 준비한 본식이 부족했거나 맛이 없어서 치즈로 배를 채우려는 것처럼 보이기 때문이라고 한다. 하지만 이것은 프랑스인들에게 해당하는 말! 우리가 김치를 잘 먹는 외국인을 보면 좋아하듯이, 한국에서 온 우리가 프랑스의 치즈를 거리낌 없이 먹으면 프랑스 사람들은 무척 좋아한다.

치즈는 냉장고에서 꺼내서 바로 먹지 마세요!

   프랑스 사람들은 보통 치즈를 냉장고에 보관하지만 꺼내자마자 바로 먹지 않는다. 치즈를 먹기 2시간 정도 전에 냉장고에서 꺼내 실온에서 냉기를 식힌 후에 먹는다. 그래야 치즈 맛을 제대로 맛볼 수 있다고 한다.

치즈를 고를 때의 상식

프랑스에서 치즈를 살 수 있는 곳은, 치즈 브랜드의 제품화된 치즈를 판매하는 대형 슈퍼마켓의 냉장 코너와 대형 슈퍼마켓에 입점해 있는 치즈 판매 코너, 그리고 치즈를 전문으로 파는 프로마주리Fromagerie(치즈 제조소, 저장소, 판매소의 통칭), 이렇게 세 곳이다. 우선 냉장 코너의 브랜드 치즈는 그 맛이 일 년 열두 달 똑같기 때문에 치즈를 고를 때 특별히 신경 쓸 부분은 없고, 각자 자신이 선호하는 브랜드의 치즈를 고르면 된다. 하지만 다른 두 곳에서 치즈를 살 때는 약간의 상식이 필요하다.

예를 들어, 겨울에 콩테Comté 치즈를 살 때는 6개월이나 1년 6개월 정도 숙성된 치즈가 좋다. 만약 여름에 산다면 1년 또는 2년 숙성된 것이 더 맛있다. 이 계산법은 다름 아닌 치즈를 만든 계절을 기준으로 한다. 여름에 만들어진 치즈는 신선한 들판의 풀을 먹은 소나 양, 염소의 젖으로 만든 것이므로 원유 자체가 더 신선하다. 겨울에는 건초를 먹은 소, 양, 염소의 젖으로 치즈를 만들기 때문에 맛도 그만큼 떨어진다. 물론 치즈에 따라 적정한 숙성 개월 수가 다르지만, 치즈를 고를 때 기본으로 알아두면 더 맛 좋은 치즈를 고를 수 있다.

맛있는 치즈를 위한 기본적인 세 가지 조건

치즈 맛을 결정하는 가장 중요한 세 가지는 '풀', '원유', 그리고 '저장 창고'다. 치즈를 만드는 기본 재료인 원유는 좋은 토양에서 자란 풀을 먹으며 방목한 소나, 양, 염소에게 얻을 수 있으므로 목초와 원유는 떼려야 뗄 수 없는 관계이다. 하지만 이렇게 좋은 원유로 만든 치즈의 맛을 좌우하는 것은 그 치즈를 보관·숙성하는 저장 창고이다. 그래서 같은 치즈라도 더 맛있는 치즈를 파는 프로마주리가 있는 것이다. 맛있는 치즈를 파는 프로마주리로 소문이 난 곳은 치즈 숙성에 알맞은 습도와 온도를 지닌 저장 창고를 가지고 있으며, 저장 창고의 습도와 온도를 제대로 관리할 줄 아는 노하우를 가지고 있다.

AOC 치즈란?

프랑스에서 치즈를 고를 때 자주 보이는 AOC는 원산지 통제 명칭 Appellation d'Origine Contrôlée의 이니셜로 와인과 치즈, 버터 등 프랑스의 농업제품에 부여하는 품질 보증 인증이다. 치즈의 경우, 가축의 방축 지역, 치즈의 생산이나 숙성 지역 및 시기, 원유의 종류, 원유 채취법, 숙성법 등 치즈 공정 방법, 육안 검사, 시식 검사, 검열 등 15가지 기준에 부합하는 치즈에 그 인증을 부여해 품질을 보증한다.

프랑스 치즈 정보 1

치즈 초보자에게 추천하는 치즈

프랑스를 이야기할 때 빼놓을 수 없는 치즈! 파리에 왔다면, 그 많은 치즈들을 하나하나 맛보지는 못하더라도 프랑스인들이 가장 즐겨 먹는 치즈는 맛보도록 하자.

하지만 세상의 모든 슬로푸드가 그렇듯 치즈 또한 그 맛을 이해하기까지는 많은 시간이 걸린다. 자칫 잘못 골랐다가는 그 맛을 음미하기는커녕 고약한 냄새와 맛에 기겁할 수도 있다. 그래서 프랑스인들이 꼽는 대표적인 치즈 중에서도, 개인적으로 우리의 입맛에 맞을 만한 치즈를 몇 가지 추천하고 싶다.

콩테 Comté

프랑스 동부 주라(Jura) 산맥 일대에서 만든 AOC 획득 치즈로, 프랑스인들이 가장 즐겨 먹는 치즈 중 하나다. 우리의 냉장고에 김치가 있다면 프랑스인의 냉장고에는 콩테 치즈가 있을 만큼 프랑스에서 가장 많이 소비되고 생산되는 치즈다. 콩테는 누런 황토빛의 단단한 표면에 탄력 있고 매끈한 노란 속살을 지녔으며, 짠맛이 강하지만 잘 숙성된 우유의 깊은 맛이 느껴진다. 프랑스인들은 보통 식후 디저트로 치즈를 먹지만, 콩테는 아페리티프(Apéritif, 식전주)와 함께 즐기기도 하며 샐러드, 수플레, 샌드위치, 그라탱 등 다양한 요리의 재료로도 사용한다.

캉탈 Cantal

프랑스 중남부 오베르뉴(Auvergne) 캉탈(Cantal)에서 만든 AOC 획득 치즈다. 기원전부터 만들기 시작한, 오랜 역사를 가진 치즈로 프랑스인들의 식탁에 자주 오른다. 진갈색의 단단한 표면에 속살은 축축하고 육중한 식감을 지녔으며, 숙성 정도에 따라 맛의 깊이가 다르다. 숙성 기간이 2개월 미만인 캉탈 쥔느(Cantal Jeune)는 원유의 고소함이 달콤하게 느껴지며, 6개월 이상 숙성된 캉탈 비외(Cantal Vieux)는 구수하고 깊은 맛을 낸다. 캉탈 비외는 우리 입맛에 조금 짜게 느껴질 수 있으므로 빵이나 와인과 곁들여 먹는 것이 좋다.

미몰레트 프랑세즈 Mimolette Française

프랑스 노르(Nord) 지역의 벨기에 국경에 접해 있는 릴(Lille)의 치즈로, 네덜란드의 에담 치즈(Edam)와 만드는 법은 물론, 맛도 같아서 프랑스인조차 네덜란드 치즈라고 알고 있는 경우가 많다. 하지만 프랑스의 치즈 전문가들은 미몰레트 프랑세즈를 프랑스의 치즈라고 주장한다. 어느 나라 치즈면 어떠하랴? 미몰레트 프랑세즈는 치즈 초보자들도 부담 없이 먹을 수 있다. 지름 20센티미터 정도 크기에 표면이 거친 공 모양으로 생겼다. 속살이 오렌지색이라 자르면 메론처럼 보이는데, 빅사나무(Bixa, 홍목이라고도 한다)에서 추출한 아나토 색소(Annatto)를 사용하기 때문에 오렌지빛을 띤다고 한다. 짭조름하면서도 구수하게 풍기는 우유의 깊은 맛이 일품으로, 그냥 먹어도 맛있고 요리에 사용해도 잘 어울린다.

오소이라티 Ossau-Iraty

프랑스 남서부 피레네자틀랑티크(Pyrénées-Atlantiques)에서 양젖으로 만든 AOC 획득 치즈다. 표면은 연붉은 회색을 띠며 쫀득하고 단단한 식감의, 씹을수록 느껴지는 목초맛이 얼핏 한약재 맛과도 비슷한 개운한 맛을 낸다.

프랑스 치즈 정보 2

치즈 중급자에게 추천하는 치즈

브리 드 모 Brie de Meaux

파리에서 동쪽으로 50킬로미터 떨어진 브리(Brie) 지방의 모(Meaux)에서 만든 AOC 획득 치즈이다. 표면은 촉촉한 벨벳 같고, 속살은 크림처럼 부드럽다. 빵과 잘 어울리는 치즈로 약하게 곰팡이 냄새가 나지만, 전혀 역하지 않다. 농축된 우유의 맛이 미세하게 입안으로 퍼지는 예민한 맛의 치즈다. 같은 브리 지방의 믈룅(Melun)에서 만드는 브리 드 믈룅(Brie de Melun)은 브리 드 모보다 맛이 좀 더 강하다.

몽 도르 Mont d'Or

프랑스와 스위스 국경에 있는 주라 산맥 고지에서 방목한 소의 젖으로 만든 AOC 획득 치즈다. 가문비나무(Épicéa)로 만든 동그란 나무틀 안에 넣어져 있고, 표면은 붉은빛을 띠면서 촉촉하고 부드럽다. 나무향이 은은하게 배어 있는 섬세한 맛이다.

카망베르 드 노르망디 Camembert de Normandie

우리나라 사람들에게 가장 많이 알려진 프랑스 치즈이며 우리나라에서도 쉽게 구할 수 있다. 버터와 생크림이 유명한 프랑스 북서부의 노르망디(Normandie) 지역에서 만든 AOC 획득 치즈로, 탄력 있는 새하얀 표면이 무척 우아하다. 우유빛깔 속살의 고급스러운 부드러움을 가진 치즈다.

샤비슈 뒤 프와투 Chabichou du Poitou

프랑스 서부 샤랑트(Charentes) 지역에서 염소젖으로 만든 AOC 획득 치즈다. 염소젖 특유의 냄새가 나긴 하지만 부드럽고 고소한 맛이 일품으로, 빵과 함께 먹는다면 끝없이 먹을 수 있을 만큼 맛있다.

생넥테르 Saint-Nectaire

프랑스 중남부 오베르뉴 지역 특유의 야생목초 살레(Salers)를 먹고 자란 젖소의 우유로 만든 AOC 획득 치즈다. 진한 회색 표면에는 먼지와 곰팡이가 촘촘하게 뒤엉켜 있는 듯한데 속살은 흰색에 가까운 연한 노란색을 띤다. 탄력 있고 매끈한 식감으로 살짝 느껴지는 곰팡이 맛이 고소하면서도 묘한 매력을 지닌 치즈다.

퐁레베크 Pont-l'Évêque

노르망디 지역에서 생산되는 치즈 중 가장 역사가 깊은, AOC 획득 치즈이다. 연한 황토색 표면과 단단한 크림 같은 부드러운 속살을 지녔는데 숙성이 진행될수록 속살에 작은 구멍이 생기면서 쫀득한 느낌으로 바뀐다. 섬세한 맛과 향을 지닌 치즈로 어떤 와인과도 잘 어울린다.

마르왈 Maroilles

프랑스 북부 노르 지역과 엔(Aisne) 지역에서 생산한 우유로 만든 AOC 획득 치즈다. 10세기경 마르왈 수도원의 한 수도승이 만든 것으로 알려진, 오랜 역사를 지닌 치즈다. 표면은 연붉은색으로 촉촉한 느낌이고, 속살은 탄력이 있고 부드러우며 연한 노란색을 띤다. 씹으면 입 안에 끈적하게 달라붙으며, 오묘한 깊은 뒷맛이 오래 남는다. 특이한 냄새에 비해 섬세한 맛을 지닌 치즈로, 천천히 맛을 음미하며 먹는 게 좋다.

프랑스 치즈 정보 3

치즈에 익숙한 이에게 추천하는 치즈

랑그르 Langres

샴페인 생산지로 유명한 샹파뉴아르덴(Champagne-Ardenne) 지역의 풀을 먹고 자란 소의 우유로 만든 치즈. AOC를 획득했으며, 맛이 아주 강해서 여러 종류의 치즈를 같이 먹을 때 가장 나중에 먹는 것이 좋다. 공기 빠진 연주황색 공처럼 쭈글쭈글하게 생긴 모양에 부드러운 치즈 속살은 입에 들어가는 순간 짠맛이 느껴지지만 푹 익은 메주콩과도 비슷한 깊은 맛과 향이 혀끝에 오래 남는다.

로크포르 Roquefort

프랑스 치즈를 말할 때 빼놓을 수 없는 것이 바로 로크포르. 프랑스 남부 미디피레네(Midi-Pyrénées) 지역 로크포르쉬르술종(Roquefort-sur-Soulzon) 지방의 양젖으로 만든 AOC 획득 치즈다. 프랑스에서 가장 오래된 치즈로 프랑스 치즈의 대명사라 해도 과언이 아니다. 겉모습만으로도 충분히 상상할 수 있는 강렬한 곰팡이 냄새와 맛의 블루치즈(Fromage à pâte persillée)다. 축축하고 부드러운 식감에 짠맛이 강해 빵에 발라 먹으면 그 풍미를 더 잘 느낄 수 있으며, 와인으로 입가심하면 특유의 곰팡이맛과 와인맛이 좋은 궁합을 이뤄 로크포르의 진면목을 느낄 수 있다.

리바로 Livarot

노르망디 지역의 우유로 만든 AOC 획득 치즈이다. 오렌지색 표면은 촉촉한 감촉으로 옆면에 부들목의 잎사귀(Typha latifolia)를 마는 것이 특징이다. 흔히들 리바로 치즈에서는 암모니아 냄새가 난다고 하는데, 알 수 없는 화학약품의 냄새 같기도 하다. 단단하면서도 부드러운 속살도 독특한 느낌으로, 어떤 이는 썩은 고기 맛이라고도 하지만 내게는 설익은 콩나물 맛과도 비슷하게 느껴진다. 냄새에 놀라서 입에도 대고 싶지 않을지 모르지만, 한번 맛을 보면 끊을 수 없는 중독성이 있다.

프랑스 요리에 빠질 수 없는 또 하나의 음식, 와인

À table!

프랑스 사람들에게 고기와 빵, 치즈를 뺏으면 어떤 일이 생길까? 그건 우리에게 밥과 김치를 뺏는 것과 마찬가지로 가혹한 일이다. 또한 프랑스 사람들에게 버터와 생크림을 사용하지 말고 요리를 하라고 하는 것은 우리에게 된장, 고추장, 간장을 사용하지 말라는 곤혹스러운 주문과 같다. 마지막으로 한 가지 더, 프랑스 사람들에게 와인^{Vin} 없이 식사를 하라고 한다면 어떻게 될까? 그건 우리에게 물을 마시지 말고 식사를 하라는 것과 마찬가지일 것이다.

실제로 파리에서 만난 프랑스 사람들은 거의 매일 와인을 마셨다. 세계 최다 와인 생산국인 이탈리아 사람들도 프랑스 사람들만큼 자주 와인을 마시지는 않는다. 최근에는 와인 소비량이 줄고 있다고는 하지만 그들의 와인 사랑은 여전하다.

그래서 프랑스 요리를 이야기할 때 와인을 빼놓을 수 없다. 하지만 나는 와인에 익숙하지 않다. 와인을 마시는 것은 좋아하지만 와인에 대해 잘 알지 못했고, 우리나라에서 '와인'이라는 술이 받고 있는 특별대우 때문에 괜히 얄미울 때도 있었다. 마시기 전에 눈으로 색깔을 감상하고 코끝으로 그 향을 음미한 후에, 혀를 굴려 살짝 맛을 보고 그 감상을 이야기하는 복잡한 절차도 사

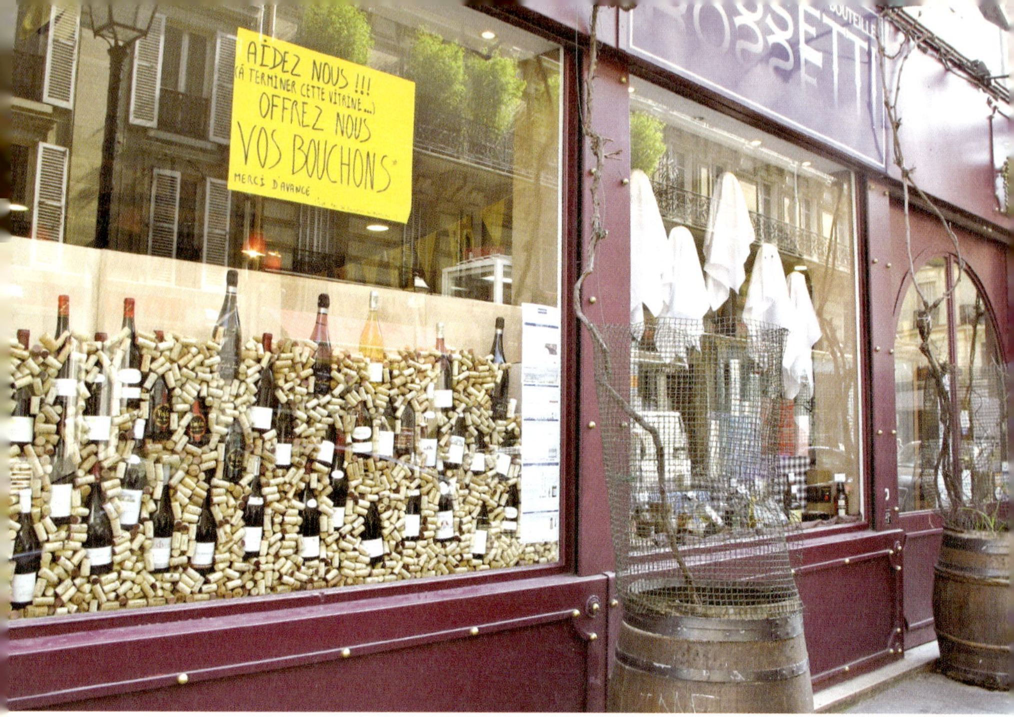
AIDEZ NOUS !!!
(À TERMINER CETTE VITRINE...)
OFFREZ NOUS
VOS BOUCHONS
MERCI D'AVANCE

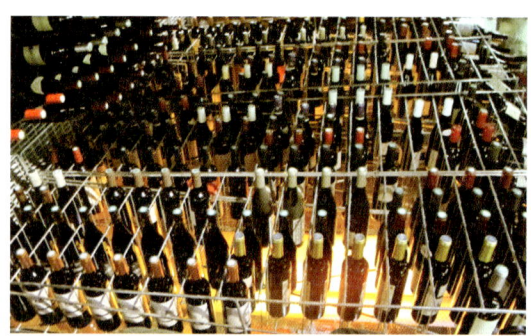

치스럽게 느껴졌다. 내게 와인은 그저 맥주보다 강하고 소주보다 약한 '달지 않은 과실주'였다.

    생크림 소스의 고기와 생선 요리, 엄청난 양의 버터로 볶은 극소량의 채소, 온갖 종류의 치즈만을 먹은 지 나흘째 되는 날 저녁, 또 하얀색 소스가 범벅이 된 고기 요리와 치즈를 잔뜩 넣고 구운 감자 그라탱을 먹게 되었다. 도쿄와 로마에 사는 동안 단 한 번도 생각나지 않던 김치가 무척 먹고 싶어졌다. 보는 것만으로 느끼한 요리였지만 나는 접시를 깨끗이 비워냈다. 그날 저녁 어렵지 않게 접시를 비울 수 있게 도와준 것은 '짙은 자주색의 훈제향이 강한 보르도 와인'이었다. 그 후 어떤 느끼한 음식도 와인과 함께라면 얼마든지 소화할 자신이 생겼고, 얄밉게 생각했던 와인에 대한 편견도 없어졌다. 오랜 역사를 지닌 우리나라의 슬로푸드인 된장, 고추장, 간장, 김치가 대우받아 마땅한 고귀한 음식이듯이, 오랜 시간과 정성을 들여야 제 맛을 내는 치즈와 와인이 대우받아야 하는 건 어쩌면 당연한 일인 듯하다. 와인은 취하고 싶어서 마시는 술이 아니라 '음식'이다.

프랑스의 와인 생산지

　와인에 대해 잘 알지 못하더라도 보르도Bordeaux, 부르고뉴Bourgogne, 루아르Loire, 샹파뉴Champagne라는 말은 들어본 적이 있을 것이다. 쉽게 설명하면 막걸리에 포천 막걸리, 서울 막걸리가 있듯 보르도, 부르고뉴, 루아르, 샹파뉴 와인은 그 와인이 생산되는 지역을 나타내는 것으로, '보르도 와인'보다는 '보르도산 와인'이라는 표현이 더 정확하다.

　프랑스 내의 와인 생산지는 크게 13개 지역이 있다. 그중에 생산량이나 질을 따져 대표적인 와인 산지로 꼽히는 곳은 보르도, 부르고뉴, 루아르, 샹파뉴, 알자스Alsace, 론Rhône 지역이다. 프랑스 와인 생산지 중 가장 주목할 만한 보르도와 부르고뉴 와인의 특징을 간단히 알아보자.

보르도산 와인

　'프랑스 와인의 본고장'이라 할 수 있을 만큼 넓은 와인 산지인 보르도는 포도가 자라기 좋은 기후와 토양을 가지고 있어 생산량뿐만 아니라 품질 또한 우수한 와인을 생산한다. 보르도 와인의 가장 큰 특징은 여러 품종의 포도를 섞는 것이다. 메독Medoc, 생테밀리옹St-Emilion, 그라브Graves 마을의 와인 모두가 보르도산 와인에 해당한다. 또 보르도산 와인 라벨에서는 샤토Château라는 단어를 자주 볼 수 있는데 샤토는 프랑스어로 '성城'을 뜻하는 명사지만, 보르도 와인에서 사용하는 샤토는 '포도 농장'이란 의미로 와인을 제조한 곳을 말한다. 라벨에 '샤토 몽페라'라고 써 있다면 몽페라라는 포도 농장에서 만든 와인인 것이다.

부르고뉴산 와인

'와인의 여왕'이라는 애칭을 가지고 있을 만큼 좋은 와인을 생산하는 지역으로, 주로 단일 품종의 포도를 사용해 와인을 만든다. 부르고뉴산 와인은 보르도산 와인의 샤토의 개념으로 도멘Domaine이라는 단어를 사용한다. 비싸기로 소문난 와인인 로마네콩티Romanée-conti도 부르고뉴의 와인이다.

/ 프랑스에 왔다면 한국에서 맛볼 수 없는 지역 와인을 맛보는 것도 좋다. 앞서 소개한 프랑스의 대표적인 와인 산지인 루아르, 상파뉴, 알자스, 론 지역 이외에도 프로방스(Provence)와 사부아(Savoie) 지역에서 생산되는 와인도 훌륭하다. 또한 주라(Jura) 지역 와인은 위스키와 비슷한 맛을 가지고 있어 인상적이다.

프랑스 사람과 와인에 대한 내 맘대로 해석

1 "엄마, 물 좀 마셔." 에드워드가 그의 어머니에게 자주 하는 말이다. 얼마 전 아흔을 넘긴 그의 어머니는 식사 중에 물을 마시지 않고 와인만 마신다. 물론 예외는 있지만 나이가 많은 프랑스 사람일수록, 여자보다는 남자가 식사 중에 물 대신 와인만을 고집한다.

 육식을 선호하고, 거의 모든 음식을 버터로 조리하며, 우리가 간장을 쓰듯 생크림을 사용하고, 치즈로 식사를 마무리하는 프랑스 전통식사는 제아무리 프랑스 사람이어도 그 느끼함을 못 느낄 리 없다. 다시 말해 '프랑스 전통식사는 와인을 부른다'는 게 개인적 소견이다. 어느 나라든 젊은이들보다는 나이 든 사람들이 그 나라의 전통식사를 즐기고, 여자보다는 남자가 엄마가 해주는 전통식사에 더 집착하는 경우가 많듯 나이 든 프랑스인일수록 그리고 남자가, 와인을 더 많이 마시는 건 아닐까?

2 와인 생산량은 이탈리아가 세계 1위이다. 그런데 왜 1인당 와인 소비량은 이탈리아보다 프랑스가 더 높을까? 우리나라는 과실주를 담글 때, 과일에 도수 높은 알코올을 붓는 게 일반적이지만 포도로 만드는 과실주의 일종인 와인을 만들 때는 따로 알코올을 넣지 않는다. 와인의 알코올은 포도가 가지고 있는 당분이 숙성되어 알코올로 변한 것이다. 따라서 포도의 당도에 따라 와인의 알코올 도수가 정해진다. 이탈리아의 경우 프랑스보다 햇살이 강해서 프랑스 포도보다 많이 달다. 그래서 일반적으로 이탈리아 와인이 프랑스 와인보다 알코올 도수가 높다. 알코올 도수가 14~15%의 이탈리아 와인은 흔한 편이지만, 프랑스 와인에서는 흔치 않다. 프랑스 와인의 알코올 도수는 보통 12.5%에서 13% 내외(이 알코올 도수도 최근 지구 온난화 현상으로 높

아진 것이라 한다)다. 이탈리아도 프랑스처럼 와인을 식사와 함께 즐기는 음식이라고 생각하기 때문에 와인을 취하도록 마시는 사람은 없다. 즉, 상대적으로 알코올 도수가 높은 이탈리아 와인은 더 쉽게 취하기 때문에 이탈리아 사람들이 프랑스 사람들보다 와인을 덜 마시는 건 아닐까?

와인, 알고 마시면 더 맛있다!

와인은 골방에서 누워 있는 걸 좋아한다!

　와인을 장기간 보관할 때는 반드시 와인 병을 눕혀서 보관해야 한다. 와인을 세워서 보관하면 와인의 코르크 마개가 건조해져서 코르크 크기가 줄어들어 그 사이로 공기가 들어가 와인 맛이 변한다. 그래서 코르크 마개가 항상 습기를 지닐 수 있도록 와인 병을 눕혀서 보관해야 한다. 우리나라의 경우, 와인을 장식장에 세워서 보관하는 경우가 많은데, 습하고 어두운 곳에 누워 있기 좋아하는(좋아한다기보다 그래야만 하는) 와인에게는 최악의 환경이다. 환한 전등이 들어오는 건조하고 따뜻한 장식장에 진열하는 것은 피하자.

와인은 여행을 싫어한다!

　나는 세상 어디에서 지내든 엄마의 음식이 그리웠던 적이 없다. 왜냐하면 우리 엄마는 요리를 참 못하기 때문이다. 그런데 특이하게도 만들기 어려운 된장 하나는 기가 막히게 잘 담근다. 엄마의 유일한 자랑거리인 그 된장이 얼마 전 우편으로 배달되어 왔다. 그런데 그 맛이 집에서 먹었던 맛이 아니었다. 엄마의 말에 따르면, 된장이나 고추장, 김치는 원래 있던 자리를 옮겨 이동하면 맛이 변한다고 한다. 와인도 마찬가지다. 애주가인 아빠를 위해 엄선해서 가져간 와인을 서울에서는 한 번도 맛있게 마셔본 적이 없다. "좋은 술은 여행을 하지 않는다"는 말이 맞았다. 한국까지 들고 가는 와인은 비행기 짐칸의 엄청난 추위에서 벌벌 떨었던 것들이라 제맛을 잃어버리고 만다. 꼭 비행기가 아니라도 장시간 배나 자동차 여행을 한 와인은 맛이 변하기 마련이다. 장시간 여행을 한 와인은 적어도 2주 이상 습하고 서늘한 곳에 눕혀서 와인의 피로를 진정시킨 후에 마시는 게 좋다. 또 마시기 한 시간 전에 미리 마개를 열어두어 와인이 공기와 닿아 충분히 숨 쉬게 한 후 마시면 더 깊은 맛을 느낄 수 있다. 마시고 남은 와인은 공기가 들어가지 않게 밀폐해서 레드와인은 서늘한 곳에, 화이트 와인은 냉장고에 보관하면 좋다.

된장, 고추장, 김치, 치즈, 와인 등 천천히 숙성되는 모든 슬로푸드는 여행을 즐기기보다 한 곳에 가만히 머물며, 그들을 찾는 이에게만 제 맛을 보여주는 고집쟁이들이다.

와인에 관한 오해와 진실

병의 바닥이 깊을수록 좋은 와인이다?

이 말은 근거 없는 상식인 듯하다. 얼마 전 만난, 와인을 좋아하는 프랑스 부부(그들은 와인을 너무 좋아해서 몇 년 전 아예 포도밭을 샀다고 한다)에게 와인 병 바닥이 깊으면 좋은 와인인지 묻자, 그들은 "그런 말은 처음 들어보는데?" 하고 대답했다. 우연히 만난 와인 없이 못 산다는 프랑스 아저씨(그는 평생 와인 병 만드는 공장의 사장으로 일했다)에게도 같은 질문을 해봤다. 그의 대답은 "누가 그래?"였다.

무조건 오래된 와인이 좋다?

에드워드 형수의 생일파티 때 마신 60년 된 와인은 곰팡이 맛이 났다. 오래된 와인일수록 더 깊은 맛이 날 것이라고 생각했는데, 와인의 상미기간은 레드와인Vin rouge의 경우 10년, 화이트와인Vin blanc의 경우 5년 정도라고 한다. 그럼에도 50년, 100년 된 와인이 비싼 이유는 그저 희소성 때문이라고 하니 무조건 오래된 와인이 좋은 것이라는 고정관념은 버리자.

프랑스 와인이 이탈리아 와인보다 비쌀까?

프랑스에서 16유로를 주고 산 와인을 이탈리아 친구(와인을 무척 좋아하는 친구로 소믈리에를 꿈꾸고 있다)에게 선물한 적이 있다. 친구는 와인 맛을 보더니 눈을 반짝이며 물었다. "이 와인 얼마나 주고 산 거야? 적어도 40~50유로는 하겠는데?" 한국의 와인 바나 백화점, 레스토랑, 슈퍼마켓 와인 코너 등에서는 일반적으로 프랑스산 와인이 이탈리아산 와인보다 비싸다. 그러나 막상 현지에서 느끼기에는 프랑스 와인이 이탈리아 와인보다 가격 대비 질을 따져 보았을 때 훨씬 저렴하다. 참고로 프랑스 사람들이 식사 때 마시는 와인은 3~5유로(한화 5,000~8,000원 정도)선이며, 손님을 초대했을 때나 초대받은 집에 와인을 사들고 갈 경우는 10유로(한화 15,000원 정도)선의 와인을 구입한다.

파리 여행 정보 10

파리의 와인 바

와인은 역시 현지에서 맛보는 게 가장 맛있다. 에드워드의 형이자 자타공인 와인 마니아 뱅상Vincent이 추천하는 파리 시내의 바 아 뱅Bar à vin을 소개한다. 바 아 뱅은 와인을 직접 마실 수도 있고 살 수도 있는 와인 바다.

르그랑 피유 에 피스 Legrand filles et fils

- 주소: 1, rue de la Banque, 75002 Paris(갈레리 비비엔느 내)
- 전화번호: +33 01 42 60 07 12
- 영업시간: 월요일 11:00~19:00, 화요일~금요일 10:00~19:30, 토요일 10:00~19:00
- 휴무: 일요일
- 홈페이지: www.caves-legrand.com

카베 오제 Caves Augé

주소	116, boulevard Haussmann, 75008 Paris
전화번호	+33 01 45 22 16 97
영업시간	10:00~19:30 휴무 일요일
홈페이지	www.cavesauge.com

라 타베르느 앙리 카트르 La Taverne Henri IV

주소	13, place du Pont Neuf, 75001 Paris
전화번호	+33 01 43 54 27 90
영업시간	12:00~22:00 휴무 토요일, 일요일

생각보다 간단한 프랑스 가정식 레시피
À table!

　커다란 접시에 이름 모를 소스로 그린 심플한 그림, 그 위에 사뿐히 올라가 있는 작은 고기나 생선을 더 작게 썰어서 입에 넣고, 냅킨으로 입가를 콕콕 찍어가며 먹는 음식이 내가 생각하던 프랑스 음식이다. 과연 프랑스 사람들은 매일 이렇게 먹을까?

　그러고 보니 일본 유학시절 잠시 한국에 와서 친구들을 만나면 "넌 매일 스시도 먹고 좋겠다"라고 했었다. 하지만 매일 스시를 먹는 일본인은 한 명도 없으며, 매일 스시를 먹을 만큼 돈이 많은 일본인도 그리 많지 않다. 프랑스도 마찬가지다. 그들은 내가 생각하던 예술품 같은 요리가 아닌, 푸짐하고 푸근한 식사를 한다. 프랑스인들은 전통적으로 저녁보다 점심을 더 중요시하며 버터와 생크림, 우유, 치즈와 고기가 없으면 못살 것처럼 보인다.

　얼핏 레시피가 복잡해 보이는 프랑스 요리지만 알고 보면 아주 간단하다. 그들에게 배운 요리 중에서 보다 간단한 전통 프랑스 요리 레시피를 모아보았다.

/ 에드워드의 어머니가 차린 식탁

1 주키니와 감자를 넣어 볶는 요리를 만드는 에드워드의 어머니. 이 요리는 어머니의 언니에게 전수받았다고 한다. 에드워드는 이 음식을 어릴 적부터 자주 먹었단다.
2 소금, 후추로 간을 한 돼지 안심 덩어리를 표면이 노릇해질 때까지 익히다가, 물과 양파를 넣어 약한 불에 뚜껑을 닫고 익히면 된다. 먹기 직전에 썰어서 소스와 버무리면 끝!
3 치즈 중간에 구멍을 뚫어 그 안에 화이트 와인을 붓고 오븐에 굽는다. 치즈는 녹여 먹을 수 있는 아무 치즈나 상관없다. 이 요리는 어머니의 큰 손자가 개발한 것이라고 한다.
4 시중에서 파는 샐러드 드레싱에 물, 올리브오일을 섞은 뒤 잘게 썬 당근을 넣고 무친다.

/ 에드워드의 형수 카트린이 차린 식탁

1 요리가 즐거운 카트린.
2 기름을 두르지 않은 프라이팬에 돼지고기나 쇠고기를 노릇하게 익힌 후, 소금, 후추로 간을 하고, 생크림을 부어 살짝 졸인다.
3 아보카도, 삶은 새우, 생 양송이버섯을 섞어 만든 샐러드. 냉장고 속 남아 있는 재료로 만든 샐러드라고 한다.

가정식 레시피 1

호박 포타주 Potage au Potiron

포타주란
전형적인 프랑스의 시골음식인 포타주는 냄비의 프랑스어인 '포(Pot)'에서 유래했다. 냄비에 요리할 수 있는 음식이 많은 만큼 이름에 냄비를 품고 있는 포타주는 그 종류가 무척 다양하다. 호박 외에도 감자, 당근, 브로콜리, 옥수수, 밤, 토마토, 각종 콩류, 오이, 각종 생선 등 여러 가지 재료로 포타주를 만들 수 있다.

재료(4인분 기준)
호박 ¼쪽, 우유 반 컵(기호에 따라 양을 조절), 찬물 호박이 잠길 정도의 양, 소금·후추·넛맥 적당량

만드는 법

1 호박은 껍질을 벗겨 잘게 썰어놓는다.

2 썰어놓은 호박을 냄비에 넣고, 호박이 잠길 정도로 찬물을 부어 불에 올린다.

3 호박이 푹 익어 걸쭉한 쀠레 상태가 되면 불에서 내린다.

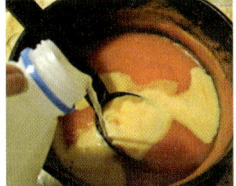

4 3을 핸드블랜더나 믹서기를 이용해 간 후, 소금, 후추로 간을 하고 기호에 따라 넛맥을 갈아 넣는다.

5 4에 우유를 부어 고루 섞은 후, 다시 불에 올려 10분 정도 조리하면 완성. 우유의 양은 식성에 따라 조절하면 되는데, 호박맛을 강하게 느끼고 싶다면 우유 양을 줄이고, 부드러운 맛을 좋아하면 우유를 넉넉히 넣는다.

TIP

* 호박을 익힐 때, 압력솥을 사용하면 요리 시간도 줄고 호박 맛을 더 진하게 느낄 수 있다.
* 핸드블랜더나 믹서기가 없으면, 망이 고운 체를 사용해 퓌레 상태의 호박을 걸러내면 된다. 포타주를 자주 먹는 프랑스인들은 한꺼번에 많이 만들어서 밀폐용기에 보관한다. 다음에 포타주를 먹을 때는 밑간과 우유만 넣어 끓이면 되어 요리가 한층 수월하다.
* 넛맥은 구하기 힘들면 생략해도 좋다.
* 우유 대신 생크림을 넣어 조리하는 경우도 있으며, 우유와 생크림을 섞어 사용하기도 한다.
* 기호에 따라 빵조각을 네모나게 잘라 튀긴 크루통(Croûtons)을 뿌려 먹어도 맛있다.

가정식 레시피 2

치즈 수플레 Soufflé au Fromage

재료(4인분 기준)
달걀 5개, 버터 100g, 밀가루 100g, 우유 ½ℓ, 콩테 치즈 125g, 넛맥 약간

수플레란

수플레는 '둥글게 부풀어 오른'이란 의미의 프랑스어로, 달걀로 가볍게 부풀린 음식을 말한다. 프랑스식 달걀찜이라고 생각하면 된다. 다만 수플레는 우리의 달걀찜과는 달리, 우유와 달걀흰자를 거품 내어 사용하기 때문에 식감이 훨씬 부드럽다.

수플레는 전통적으로 본식 전의 전채(Entrée) 요리로 먹는 음식이지만, 초콜릿이나 설탕 등을 넣어 만든 단맛의 수플레는 후식(Dessert)으로 즐긴다. 치즈를 넣은 수플레 외에도 생선이나, 햄 등을 넣어서도 만드는데 만드는 방법은 동일하고 치즈 대신 다른 재료를 넣는 것만 다르다.

만드는 법

1 치즈는 조그맣게 썰어서 준비한다.

2 약한 불에 움푹한 코팅 냄비를 올리고, 버터와 밀가루를 넣고 볶다가 밀가루와 버터가 잘 어우러지면 우유를 조금씩 넣어가며 젓는다. 우유에 밀가루와 버터가 잘 풀어져 걸쭉한 죽 상태가 되면 불을 끈다. 이를 베샤멜 소스(Sauce Béchamel)라고 하는데, 프랑스 요리의 기본적인 소스 중 하나다.

3 2에 미리 썰어놓은 치즈를 넣어 녹인 후, 상온에서 식힌다.

4 달걀은 흰자와 노른자를 따로 구분한다. 노른자는 동그란 모양을 풀고, 흰자는 거품을 낸다. 이때 달걀흰자 거품은 단단할수록 좋다.

5 3에 풀어놓은 달걀노른자를 넣고 가볍게 젓는다.

6 5에 달걀흰자 거품을 넣고 가볍게 섞는다.

7 수플레를 구울 오븐용 틀에 버터를 골고루 바른 후, 6을 붓고, 표면에 넛맥을 갈아가며 골고루 뿌린다.

8 185℃로 예열한 오븐에서 20분 정도 구워내면 완성.

TIP

* 한국에서 구하기 힘든 콩테 치즈 대신 구하기 쉬운 이탈리아의 파르메산 치즈(Parmigiano) 가루를 사용해도 된다.
* 넛맥을 구할 수 없다면 생략해도 좋다.
* 콩테 치즈나 파르메산 치즈는 기본적으로 상당한 염분을 가지고 있으므로 소금은 따로 넣지 않아도 된다. 만약 완성된 수플레가 많이 싱겁다면 먹기 직전에 소금을 살짝 뿌려 먹으면 된다.
* 달걀흰자 거품을 사용하는 수플레는 오븐에서 많이 부풀어 오르므로, 오븐용 용기를 내용물보다 넉넉한 크기의 것으로 준비하자.

가정식 레시피 3

화이트 와인을 넣어 익힌 고등어 요리
Maquereau au Vin Blanc

재료(2인분 기준)

고등어 2마리, 화이트 와인 250㎖, 물 350㎖, 레몬 1개, 토마토 2개, 양파 1개, 말린 허브(타임이 가장 좋다)·소금·후추 적당량

만드는 법

1 고등어는 내장을 손질하지 않은 채로 찬물에 깨끗이 씻고 오븐용 용기에 담아놓는다.

2 양파, 토마토, 레몬을 0.5cm 두께로 둥글게 썰어놓는다.

3 1에 화이트 와인과 물을 섞어 붓는다. 이때 물과 와인의 비율은 와인보다 물을 조금 더 넣는다. 와인 맛을 강하게 느끼고 싶다면 1:1 비율로 섞는다.

4 3에 썰어놓은 야채를 보기 좋게 얹는다.

5 4에 소금, 후추, 말린 허브를 골고루 뿌린 후 185℃로 예열한 오븐에 넣고 30~40분 정도 익힌다.

TIP

* 고등어 같은 등 푸른 생선에 알레르기가 있거나 싫어한다면 가자미 같은 흰살 생선을 사용한다. 요리에 사용하는 화이트 와인은 비싼 것이 아니라도 상관없다. 야채는 기호에 따라 당근이나 감자 등을 활용해도 된다. 단, 레몬과 양파는 꼭 넣어야 맛있는 요리를 완성할 수 있다.
* 프랑스 사람들은 완성된 요리와 함께 거품 낸 생크림을 곁들여 먹는데 우리에게는 무척 낯설지만 고등어와 생크림이 나름 어울린다.
* 레시피에는 빠졌지만 오븐에 요리를 넣기 전에 올리브오일이나 버터를 추가하는 경우도 있다. 오븐이 없다면 전자레인지를 사용해도 된다. 먹고 남은 국물로 리조토(Risotto)를 해도 맛있다.

가정식 레시피 4

포토푀 Pot-au-feu

재료(4인분 기준)
소고기 700g, 양파 1개, 당근 1개, 순무 3개, 대파 1줄기, 샐러리 1줄기, 버터 반 큰술, 월계수 잎 2장, 소금 약간, 뜨거운 물 ½ℓ, 기호에 따라 각종 말린 허브

포토푀란

포토푀는 '불 위의 냄비'란 재밌는 이름의 프랑스 북부 지방 음식이다. 예전에 프랑스에는 집집마다 벽난로가 있었는데 겨울이 되면 벽난로 안에 커다란 냄비를 걸어놓고 오랫동안 끓이는 포토푀를 만들어 먹었다고 한다. 가난했던 시절에는 고기 없이 야채와 말린 허브만을 넣어 만들기도 했다는 프랑스의 오래된 서민 음식이다. 포토푀는 추운 프랑스의 겨울에 사람들의 몸을 녹여주는 음식이자, 가족을 옹기종기 식탁 앞으로 불러들이는, 그 국물만큼이나 따뜻한 프랑스의 가정식이다.

만드는 법

1 모든 재료를 큼지막하게 썰어놓는다.

2 바닥이 두껍고 속이 깊은 냄비에 버터를 녹인 후, 썰어놓은 양파를 넣어 살짝 볶는다.

3 2에 소고기를 넣고 표면이 갈색이 될 때까지 볶는다.

4 3에 썰어놓은 당근, 순무, 샐러리를 넣어 살짝 볶는다.

5 4에 내용물이 충분히 잠길 정도로 뜨거운 물을 붓는다. 반드시 뜨거운 물을 사용해야 한다.

6 5에 썰어놓은 대파를 넣고 섞은 후, 월계수 잎 및 기호에 따라 말린 허브를 넣고 소금으로 간을 한다.

7 냄비 뚜껑을 닫고 약한 불에서 2시간 30분 정도 푹 끓인다.

TIP

* 포토푀는 오랜 시간 푹 끓이는 요리라서 가능하다면 무쇠 주물 냄비를 사용하는 게 좋다. 무쇠 주물 냄비는 가격이 비싸고 무겁지만, 비싼 만큼 오래 쓸 수 있고, 오랜 시간 끓이는 요리의 맛을 더 좋게 한다.
* 프랑스 사람들은 포토푀를 먹을 때 고기와 채소를 건져 겨자와 함께 먹고, 고기와 채소에서 빠져 나온 국물은 빵에 찍어 먹는다. 냄비의 남은 수프는 따로 먹거나 보관해 두었다가 파스타나 통밀 등을 넣어 끓여 먹는다.
* 쇠고기는 한 부위가 아니라, 여러 부위를 섞어서 사용하면 더 맛있는 포토푀를 만들 수 있다. 소뼈를 섞어 넣으면 더 깊은 맛을 낼 수 있고 한꺼번에 많은 양을 하면 더 맛있다.
* 채소는 감자, 양배추 등을 기호에 따라 추가해도 된다.

가정식 레시피 5

타르트 타탱 Tarte Tatin

타르트 타탱 이야기

19세기 초반, 프랑스 중북부의 라모트 뵈브롱(Lamotte Beuvron)이란 마을에 스테파니 타탱(Stéphanie Tatin)과 카롤린 타탱(Caroline Tatin) 자매가 운영하는 호텔이 있었다. 어느 날, 호텔의 요리를 담당하던 스테파니는 전통 사과 파이를 만들 생각으로 사과와 버터, 설탕을 프라이팬에 올려놓고 깜빡 잊어버리고 말았다고 한다. 설탕 탄내가 진동을 할 때쯤, 그녀는 자신이 불 위에 사과 졸임을 올려놓았다는 걸 알아차리고, 실수를 무마하기 위해 사과 졸임이 든 프라이팬 위에 타르트 도우를 올려서 그대로 오븐에 넣었는데 타르트가 다 익을 무렵, 오븐에서 프라이팬을 꺼내 뒤집어보니 그럴싸한 타르트가 완성되었던 것이다. 타탱 자매는 실수로 만든 타르트를 손님들에게 선보였고, 좋은 반응을 얻어 새로운 레시피가 탄생하게 된 것이라고 한다. 만드는 법도 아주 간단해서 프랑스인들이 집에서 가장 많이 해 먹는 디저트 중에 하나이다.

재료

밀가루(박력분) 200g, 버터 150g, 설탕 100g, 사과 6개, 찬물 조금

TIP

오븐용 타르트 틀이 없다면 오븐용 프라이팬을 사용해도 된다. 이때는 사과 졸임 자체를 오븐에 넣을 프라이팬에 하고, 그 위에 밀어놓은 반죽을 덮어 그대로 오븐에 넣으면 된다.

만드는 법

1 밀가루에 버터 100g과 찬물을 넣고 동그랗게 반죽한다. 너무 심하게 치대면 타르트가 질겨지므로 살짝만 반죽한다.

2 사과는 껍질과 씨를 제거한 후 8등분한다.

3 프라이팬에 버터 50g과 설탕을 넣고 녹인다. 버터와 설탕이 어느 정도 섞이면, 사과를 넣고 진한 갈색이 될 때까지 졸인다.

4 오븐용 타르트 틀에 버터를 펴 바른 후, 3에서 완성한 사과 졸임을 예쁘게 담는다.

5 1의 반죽을 밀대로 밀어 납작하게 편다.

6 4에 펴놓은 반죽을 얹고, 반죽의 가장자리는 틀 안쪽으로 밀어 넣는다.

7 210℃로 예열한 오븐에 6을 넣고 30분 정도 굽는다.

8 구워진 타르트 틀 위에 큰 접시를 올린 후, 뒤집어서 사과 부분이 위로 오게 해서 식히면 완성.

파리 식도락

À table!

　중국 요리, 이탈리아 요리와 함께 세계적으로 유명한 프랑스 요리. 수많은 미식가들이 살고 있는 나라, 세계적인 요리 학교가 있는 나라가 바로 프랑스이다. 그래서일까? 파리에는 식당이 정말 많다. 로마 거리에 넘쳐나는 식당이 주로 이탈리아 음식점인 데 비해, 파리의 식당은 국제적이다. 자칫하면 파리까지 와서 국적불명의 음식을 먹게 될 수도 있다.

　파리에 왔다면 당연히 프랑스인의 자존심이기도 한 '프랑스 요리'를 맛보아야 한다. 하지만 프랑스 레스토랑은 주로 코스 요리이고 비싼 편이다. 그래서 프랑스 전통 가정식을 전문으로 하는 곳, 우리가 모르고 있는 파리의 정취가 느껴지는 곳, 낯선 타지에서 어디서 먹어야 좋을지 도통 모를 때 파리 어디에나 있어 쉽게 찾을 수 있는 곳 등 부담 없이 들어가서 푸짐하게 먹고 나올 수 있는, 현지인들에게도 인기 만점인 레스토랑들을 모아보았다.

파리 여행 정보 11

파리의 맛있는 레스토랑

오 피에 드 푸에 Au pied de fouet

프랑스식 '욕쟁이 할머니 맛집'. 지금은 퉁명스럽기 짝이 없었다는 할머니 대신 손자로 보이는 무례한 청년이 손님을 맞이하는데 투박한 그의 서비스가 정겹기 그지없다. 작은 식당 안을 다닥다닥 채운 테이블과 불법으로 올린 듯한 이층 다락방의 모습이 우리네 대학가 앞 백반집을 떠올리게 한다. 바쁜 식사 시간에는 모르는 사람과 동석해서 식사를 할 수도 있지만, 이런 취급에 불쾌해 하는 손님은 없다. 파리라는 거대한 도시 속에서 하루하루 바쁘게 생활하는 파리지앵들은 소박하지만 따뜻한 한 그릇으로 그들의 허기와 외로움을 달래주는 이곳에서 저렴한 가격에 프랑스의 가정식을 맘껏 즐긴다.

- **주소** 45, rue de Babylone, 75007 Paris (1호점)
- **교통** 지하철 10, 12호선 세브르바빌론(Sèvres-Babylone) 역, 13호선 생 프랑소와자비에르(Saint François-Xavier) 역
- **전화번호** +33 01 47 05 12 27
- **영업시간** 12:00~14:30, 19:00~21:30   **휴무** 토요일 저녁 시간, 일요일
- **2, 3호점** 3, rue Saint Benoit, 75006 Paris(2호점), 96, rue Oberkampf, 75011 Paris(3호점)
- **홈페이지** www.aupieddefouet.fr

크레므리 레스토랑 폴리도르 Cremerie restaurant polidor

《노인과 바다》로 노벨문학상을 탄 어네스트 헤밍웨이(Ernest Hemingway), 《좁은문》을 쓴 앙드레 지드(André Gide), 영화 〈천국의 아이들(Les Enfants du Paradis)〉을 쓴 자크 프레베르(Jacques Prévert), 초현실주의 화가이자 조각가 막스 에른스트(Max Ernst) 등의 예술가들이 사랑한 레스토랑이다. 영화 〈미드나잇 인 파리(Midnight in Paris)〉에서 주인공이 헤밍웨이를 만나는 곳도 그의 단골 레스토랑인 바로 이곳 폴리도르이다. 식당 안을 들어서는 순간 보이는 '폴리도르는 1845년 오픈 이래, 신용카드를 받지 않습니다'라는 문구가 애교스럽게 느껴진다. 신용카드도 예약도 받지 않는 이곳에서는 저렴한 가격으로 프랑스 가정식을 푸짐하게 즐길 수 있다.

- 주소: 41, rue Monsieur Le Prince, 75006 Paris
- 교통: 지하철 4, 10호선 오데옹(Odéon) 역 또는 10호선 클뤼니 라 소르본느(Cluny La Sorbonne) 역
- 전화번호: +33 01 43 26 95 34
- 영업시간: 월요일~토요일 12:00~14:30, 19:00~00:30, 일요일 12:00~14:30, 19:00~23:00
- 홈페이지: www.polidor.com

르 샬레 데 질 Le chalet des Iles

파리에서의 낭만적인 데이트를 위해 추천하고 싶은 레스토랑이다. 호수 한가운데 위치한 이곳에 가기 위해서는 식당에서 운영하는 셔틀 보트를 타고 들어가야 한다. 식당 안 인테리어도 예쁘지만, 호숫가 테라스에 마련된 식탁에서 호수를 감상하며 여유 있게 식사를 즐기면 좋다. 다양한 프랑스식 메뉴는 물론, 점심 특선 세트도 괜찮다. 식당 분위기에 비해 가격이 저렴한 편이며, 음식도 맛있다. 식사를 마친 후 식당 뒤편에 있는 작고 낭만적인 숲 속과 호숫가를 산책해보자. 반드시 이곳에 다시 오고 싶어질 것이다.

주소	Lac inférieur du Bois de Boulogne Route de la Muette à Neuilly, 75016 Paris
교통	지하철 9호선 뤼 드 라 퐁프(Rue de la Pompe) 역 또는 RER C선 아브니 앙리 마탱(Avenue Henri Matin) 역
전화번호	+33 01 42 88 04 69
영업시간	화요일~토요일 11:30~15:00, 화요일만 저녁 영업 19:00~23:00
휴무	일요일, 월요일
홈페이지	www.chalet-des-iles.com

부이용 샤르티에 Bouillon CHARTIER

파리지앵은 물론 여행자에게도 인기가 많은 곳으로 저렴한 가격으로 프랑스 전통음식을 푸짐하게 즐길 수 있다. 손님의 발길이 끊이지 않는 곳이지만 그렇다고 정신없이 먹고 나와야 할 정도는 아니다. 홀이 넓고 천장이 높아 사람이 많아도 답답한 느낌이 들지 않는다. 밖에서 보는 것보다 고급스러운 실내 인테리어가 마음에 들고, 저렴한 가격에 푸짐한 상차림은 더 마음에 든다.

주소	7, rue du Faubourg Montmartre, 75009 Paris
교통	지하철 8, 9호선 그랑 불르바르(Grands Boulevards) 역 또는 리슐리외드루오(Richelieu-Drouot) 역
전화번호	+33 01 47 70 86 29
영업시간	11:30~22:00
홈페이지	www.bouillon-chartier.com

라 크레프 리 뒤 클룬 La crêpe rit du clown

크레프(Crêpe)의 본고장 프랑스에 왔다면 크레프 가게(Crêperie)에 들러보자. 파리에는 크레프 가게가 많지만 수많은 크레프 가게 중 가장 추천하고 싶은 곳이 바로 라 크레프 리 뒤 클룬이다. 실내가 작은 데다 테이블 간격이 좁아서 다소 불편하지만 이곳의 크레프는 탁월하다. 또 크레프를 먹을 때 함께 마시는 사과주(Cidre)도 무척 맛있다. 현지인에게 인기 있는 쇼핑타운인 식당 주변에서 쇼핑을 즐긴 후, 이곳에서 간단한 점심 식사를 해보면 어떨까?

주소	6, rue des Canettes, 75006 Paris
교통	지하철 4호선 생쉴피스(Saint-Sulpice) 역, 생제르맹데프레(Saint-Germain-des-Près) 역 또는 10호선 마비용(Mabillon) 역
전화번호	+33 01 46 34 01 02
영업시간	월요일~토요일 12:00~23:30, 일요일 12:00~17:00
홈페이지	www.crepericduclown.fr

세 트랑트트루아 Chai 33

모던한 느낌의 넓은 실내가 상큼한 레스토랑으로 식당 분위기에 맞게 프랑스식 퓨전 스타일 음식을 주로 낸다. 와인 무역의 중심지이자 와인 공장이 있었던 베르시 빌라주에 자리 잡아서인지 식당 한편의 와인 창고는 웬만한 에노테카 수준이다. 와인 창고를 구경하며 와인을 직접 고르는 것도 좋다. 깔끔하게 나오는 음식과 종업원들의 세련된 매너가 조화로우며, 동양적인 느낌이 물씬 풍기는 화장실이 인상적이다. 식사를 마친 후에는 식당 바로 앞, 센 강변의 베르시 공원을 산책할 수 있어 더욱 좋다.

- **주소** 33, Cour Saint Emilion, 75012 Paris
- **교통** 지하철 14호선 쿠르 생테밀리옹(Cours Saint-Emilion) 역
- **전화번호** +33 01 53 44 01 01
- **영업시간** 월요일~금요일 8:00~02:00, 토요일~일요일 10:00~02:00
- **휴무** 12월 24일 저녁, 12월 25일, 1월 1일
- **홈페이지** www.chai33.com

세 클레망 Chez clément

파리 시내를 걷다 보면 간판 옆에 구리 냄비를 잔뜩 걸어놓은 숍이 자주 보이는데, 바로 파리에 여러 개의 체임점을 가진 프랑스식 패밀리 레스토랑 세 클레망이다. 고급스럽고 우아한 실내 인테리어가 패밀리 레스토랑에 대한 선입관을 깨는 곳으로, 부담스럽지 않은 가격으로 프랑스 전통식을 맛볼 수 있다.

주소	9, place St-André-des-arts, 75006 Paris(생미셸 점)
교통	지하철 4호선 생미셸(Saint-Michel) 역, RER B선 생미셸노트르담(Saint-Michel-Notre-Dame) 역
전화번호	+33 01 56 81 32 00
영업시간	12:00~00:00
홈페이지	www.chezclement.com

히포포타무스 Hippopotamus

비프스테이크를 전문으로 하는 프랜차이즈 패밀리 레스토랑이다. 스테이크 전문점인 만큼 미국식 실내 분위기에 퓨전 메뉴가 아쉽긴 하지만, 적당한 가격으로 푸짐한 식사를 할 수 있다. 다양하게 준비된 전채요리(Entrée)에는 프랑스식 메뉴도 있으며, 편하게 선택할 수 있는 세트 메뉴도 훌륭하다. 무엇보다도 파리를 돌아다니다 배가 고플 때, 어디서 식사를 해야 할지 모를 때, 파리 어디에서나 쉽게 찾을 수 있다는 장점이 있다.

주소	68, boulevard du Montparnasse, 75014 Paris(몽파르나스 점)
교통	지하철 4, 6, 12, 13호선 몽파르나스-비엥브뉘 (Montparnasse-Bienvenue) 역
전화번호	+33 01 40 64 14 97
영업시간	토요일~수요일 11:00~3:00, 목요일, 금요일 11:00~05:00
홈페이지	www.hippopotamus.fr

퀵 Quick

메이드 인 프랑스 패스트푸드점. 푸아그라를 넣은 햄버거(Quick'n Foie Gras)가 프랑스의 패스트푸드점이라는 것을 실감케 한다(단, 푸아그라 버거의 맛에 큰 기대는 하지 말길). 파리에서 급하게 식사를 해야 할 때, 이왕이면 파리만의 패스트푸드점을 이용해보는 것도 좋지 않을까? 파리 시내 어디에서나 쉽게 찾을 수 있고 무엇보다 시끄러운 음악을 틀지 않아 패스트푸드점이지만 차분한 분위기에서 식사가 가능하다.

주소	16, rue de Tilsitt, 75017 Paris(와그람 점)
교통	지하철 1, 2, 6호선, RER A선 샤를 드 골-에투알 (Charles de Gaulle-Étoile) 역
전화번호	+33 01 43 80 63 89
영업시간	7:30~2:00 와그람(Wagram)점 영업시간으로 지점에 따라 다름
홈페이지	www.quick.fr

Petites villes

당일치기 소도시 여행

생제르맹앙레

랭스

오세르

샤르트르

샹티이

생각보다 꽤 넓은 파리지만, 한 달쯤 파리를 샅샅이 훑었다면 이번에는 가까운 소도시로 당일치기 여행을 가 보는 것은 어떨까? 대중교통이 발달되어 있는 프랑스에서는 지방 소도시로의 이동이 간편해 부담없고 편안하게 나들이를 할 수 있다. 대도시 파리는 갖고 있지 않은 파리 근교 작은 도시의 소박한 매력에 빠져보자.

생제르맹앙레
Saint-Germain-en-Laye
Petites villes

파리 시 샤를 드 골-에투알Charles de Gaulle-Étoile 역에서 25분 정도 RER 기차를 타고 도착한 마을. 역에서 빠져나오자마자 파리에서도 다른 어떤 도시에서도 보지 못한 특이한 모양의 성이 탁 트인 넓은 정원 앞에 버티고 있다. 성 건너편으로는 교회당이 정겹고, 역 앞 광장에 펼쳐진 오픈 레스토랑이 멀리서 찾아온 이방인을 기분 좋게 맞이하는 곳, 파리 근교의 조용한 부촌 생제르맹앙레이다. 생제르맹앙레에 어떤 볼거리들이 있는지 살펴보자.

<가는 법>
RER A선 생제르맹앙레(Saint-Germain-en-Laye)행을 타고 종점에서 내린다.

<기타 정보>
마을 공식 사이트 www.saintgermainenlaye.fr

관광 안내 사무실 www.ot-saintgermainenlaye.fr
- 주소 38, rue au Pain, 78100 Saint-Germain-en-Laye
- 전화번호 +33 01 30 87 20 63
- 5월~9월 시간표 **월요일** 14:00~18:00, **화요일~금요일** 10:00~13:00, 14:00~18:00, 토요일 10:00~18:00, 일 9:00~13:00
- 10월~4월 시간표 **화요일~금요일** 10:30~13:00, 14:00~17:30, 토요일 10:30~18:00
- 휴일 월요일, 일요일, 축일

주요 볼거리

샤토 드 생제르맹앙레
Château de Saint-Germain-en-Laye

1124년경 일명 뚱보 왕 루이 6세(Louis VI le Gros)에 의해 최초로 건설된 이 성은 백년 전쟁을 치르는 동안 불타기도 했으나(1346년), 20년 후 샤를 5세(Charles V)에 의해 복원되었다. 1689년 루이 14세(Louis XIV)가 파리를 떠나 베르사유(Versailles)로 입성하기 전 몇 년 동안 이곳에서 머무르기도 했다.

성의 아랫부분은 중세시대의 건축양식(실은 18세기에 복원된 것으로 진짜 중세시대의 것은 아님)을, 성의 본채는 르네상스 양식, 성 뒤편의 예배당은 고딕 양식으로 건축된 복잡한 양식을 띠고 있다. 프랑스의 다른 어떤 도시에서도 보기 드문 특이한 모양새를 하고 있어 기억에 남는 곳이다. 무엇보다도 2킬로미터에 달하는 정원의 테라스가 아주 쾌적하고 테라스에서 보이는 시원스런 파리의 파노라마가 기분 좋은 곳이다.

국립 고고학 박물관
Musée d'archéologie nationale

무려 3만 점에 달하는 구석기, 신석기, 청동기, 철기 시대 등의 유물을 전시하는, 역사적으로 중요한 가치를 지닌 박물관이다. 프랑스 사람들은 사실 샤토 드 생제르맹앙레보다 이 박물관을 목적으로 생제르맹앙레를 방문하는 경우가 많다. 매월 첫 번째 일요일은 무료이다.
- 주소 _ place Charles de Gaulle, 78100 Saint-Germain-en-Laye
- 전화번호 _ +33 01 39 10 13 00
- 개관 시간 _ 10:00~17:00 토요일, 일요일, 국경일 10:00~18:15 ・휴관 _ 화요일

모리스 드니 박물관
Musée départemental Maurice Denis, Le Prieuré

19세기 후반 프랑스 미술에 큰 영향을 준 나비파(Nabis)의 일원인 화가이자 저술가 모리스 드니(Maurice Denis, 1870~1943)가 1914년부터 생을 마감할 때까지 살았던 집. 아담하게 잘 가꾼 정원은 초봄에 방문하면 더 정취가 있다. 모리스 드니의 팬이라면 가볼 만한 곳이다.

- 주소 _ 2bis, rue Maurice-Denis, 78100 Saint-Germain-en-Laye
- 전화번호 _ +33 01 39 73 77 87
- 개관 시간 _ 10:00~17:30 토요일, 일요일, 국경일 10:00~18:30 매월 첫째 목요일 10:00~21:00

드뷔시 박물관 Musée Claude Debussy

작곡가 클로드 드뷔시의 생가로 현재 1층은 관광안내소로 사용하고, 실제 드뷔시가 살았던 2층이 박물관이다. 작고 초라한 생가에 실망할 수 있지만 드뷔시의 음악을 좋아한다면 방문해보자. 생제르맹앙레 역에서 도보로 5분이면 충분하다.
- 주소 _ 38, rue au Pain, 78100 Saint-Germain-en-Laye
- 전화번호 _ +33 01 30 87 20 63
- 개관 시간 _ 14:00~17:30
- 휴관_ 월요일, 일요일

생제르맹앙레 숲 Forêt de Saint-Germain-en-Laye

샤토 드 생제르맹앙레의 긴 테라스와 바로 연결되는 이 숲은 3,500헥타르에 이르는 넓은 숲이다. 성 근처는 산책로도 잘 닦아놓아 걷기에도 자전거를 타기에도 좋다. 다만 무척 넓은 숲이니 길을 잃지 않도록 미리 지도를 준비하자.

생제르맹앙레에서의 산책

소도시 여행의 진정한 묘미는 사실 굵직한 볼거리보다 마을 안을 걸어 다니며 보는 지방 도시 주민들의 생활상일지도 모르겠다. 생제르맹앙레는 마을 한복판이 마치 백화점을 축소한 듯, 많은 브랜드의 상가가 빼곡하게 들어서 있다. 상가의 물건을 구경하며 걷다 보면 곧 마을 한복판에서 우아한 우체국 건물을 발견할 수 있다. 우체국 앞 넓은 광장에서 열리는 상설시장과 오픈 카페가 활기차다.

활기찬 마을 중앙을 지나면 조용한 주택가가 나타난다. 생제르맹앙레의 분위기를 실감하게 해주는 고급 주택을 구경하며 천천히 걸어보자. 또한 생제르맹앙레 숲에서의 산책도 놓치지 말자.

랭스
Reims

Petites villes

프랑스 가정의 샴페인 파티에 가보면 자주 등장하는 고운 파스텔 톤의 핑크색 비스킷이 있다. 샴페인으로 유명한 프랑스 북동부 샹파뉴아르덴Champagne-Ardenne 지역의 중심 도시 랭스의 특산품이다. 그저 '핑크색 비스킷Biscuits roses de Reims'과 샴페인을 현지에서 먹어보겠다는 사소한 의지로 찾은 랭스에서 생각지도 못한 화려한 대성당을 만났다. 대성당의 역사 이야기를 들으며 샴페인과 비스킷만을 생각하며 랭스를 찾은 것이 쑥스러웠다.

<가는 법>
파리 동역(Gare de Paris-Est)에서 랭스행 고속열차(TGV) : 40분 소요
파리 동역(Gare de Paris-Est)에서 랭스행 일반열차(TER) : 1시간 50분 소요

<기타 정보>
마을 공식 사이트 www.ville-reims.fr

관광 안내 사무실 www.reims-tourisme.com
- 주소 2, rue Guillaume de Machault, 51100 Reims
- 전화번호 +33 08 21 61 01 60
- 시간표 9:00~18:00 일요일 10:00~16:00

주요 볼거리

랭스 대성당 Cathédrale Notre-Dame de Reims

486년 최초로 프랑크 왕국을 수립한 클로비스 1세(Clovis I)가 기독교로 개종하며 세례를 받은 후 대관식을 거행한 성당으로, 역대 프랑스 국왕의 대관식이 거행되었던 역사적인 곳이다. 얼핏 보기에도 범상치 않은 외관은 1210년 화재로 소실되었던 것을 수많은 우여곡절을 겪으며 14세기에 복원한 것이다. 그 후로도 1차 세계대전으로 파괴된 부분은 아직도 복원 작업 중이다. 고딕 양식의 화려한 건축양식과 유럽의 어떤 성당보다 많은 조각상들로 장식되어 있는 성당 외관이 상당히 인상적인데, 많은 조각상 중에서도 '미소 짓는 천사(L'Ange au sourire)'가 유명하다. 성당 내부는 외관에 비해 실망스럽지만 성당의 명성에 걸맞은 스테인드글라스 창이 무척 아름답다. 만약 샤갈(Marc Chagall)의 팬이라면 1974년 그가 작업한 성당 한 켠의 스테인드글라스를 놓치지 말지.

생르미 대성당 Basilique Saint-Remi

오랜 역사 속에서 많은 곡절을 겪으며 훼손되었으나 1차 세계대전 이후 거의 완벽하게 복원되었다. 성당 내부가 랭스 대성당보다 훨씬 아름답다. 랭스 중심지에서 벗어나 있어 자칫하면 놓치기 쉬우니 반드시 기억했다가 들러보길 바란다.

랭스 미술관 Musée des beaux-arts

로망주의, 사실주의, 자연주의, 인상파 등 주로 19세기 미술품을 상설 전시하는 미술관으로 특별전이 열리기도 한다. 마침 방문했을 때 샴페인을 테마로 한 특별전이 열리고 있어서 랭스에 왔다는 것을 더욱 실감하게 해주었다. 매월 첫째주 일요일은 무료다.
- 주소 _ 8, rue de Chanzy, 51100 Reims
- 전화번호 _ +33 03 26 35 36 00
- 개관 시간 _ 10:00~12:00, 14:00~18:00
- 휴관 _ 화요일, 1월1일, 5월 1일, 7월 14일, 11월 1일, 11월11일, 12월 25일

갈로로맹의 지하회랑 Cryptoportique gallo-romain

3세기에 만들어진, 갈로로맹의 곡물 저장창고로 사용되었던 곳이다. 6월 1일부터 9월 30일 사이에만 공개하므로 기간 안에 랭스를 방문했다면 반드시 가보길 바란다.
- 주소 _ Place du Forum, 51100 Reims
- 전화번호 _ +33 03 26 77 75 28
- 개관 시간 _ 6월 1일~9월 30일 14:00~18:00

랭스에서의 산책

오랜 역사를 가지고 있는 마을이지만 많은 전쟁을 겪으면서 마을 대부분이 파괴된 랭스는 전후에 새롭게 지은 건물이 많아 현대적인 느낌이 드는 도시이다. 특히 전선 없이 운행되는 최첨단 테크놀로지의 트램은 랭스라는 오래된 마을의 예스러움을 잊게 한다. 마을을 걷다가 우연히 발견한 마르스 문(Porte de Mars, 3세기, 갈로로맹의 유적) 앞에서 랭스의 옛 모습을 상상해본다. 간간히 나타나는 옛 흔적을 보면서 랭스의 옛 모습을 끊임없이 상상해본다. 중심지 어디에서나 모습이 보이는 아름다운 랭스 대성당은 어느 곳에서 보든 무척 아름답다. 특히 루아얄 광장(Place Royale)에서 보이는 모습이 가장 좋았다. 랭스에서 가장 번화한 에를롱 광장(Place d'Erlon)의 한 식당에서 랭스의 명물 샴페인을 곁들인 늦은 점심 식사를 마치고 원래의 목적인 핑크색 비스킷을 한 봉지 사서 돌아서는 기분이 무척 만족스러웠다.

오세르
Auxerre
Petites villes

우연히 본 엽서에서 잔잔한 강 위에 떠 있는 모터보트와 강 저편 다리 위로 펼쳐지는 아름다운 대성당이 마음에 들어 찾아 나선 곳이 바로 오세르이다. 기차역에서 마을을 향해 걷다 보면 엽서 속 사진이 현실이 되어 눈앞에 펼쳐진다. 욘 강 Rivière d'Yonne 뒤편에 자리한 대성당과 마을의 전경이 더도 덜도 아닌 딱 엽서만큼 아름답다. 얼른 마을을 샅샅이 둘러보고 싶은 마음에 관광 안내소부터 찾았다. 지도를 받아 들고 나오면서 볼거리가 많을 듯한 오세르를 어떻게 둘러보면 좋을까 고민하는 사이 벌써 배가 고프다. 일단 배를 든든히 채우고 관광을 시작해야겠다 마음먹고 마을 입구의 식당에 들어서자마자 오세르의 풍경에 정신이 팔려 잠시 잊고 있던 것이 떠오른다. 오세르는 세계적으로 유명한 와인의 고장 부르고뉴 지역의 도시이다. 점심 세트 메뉴에 지역 와인 한 잔을 곁들이며 오세르에서의 하루를 기대해본다.

〈가는 법〉
파리 베르시(Bercy) 역(SNCF)에서 오세르행 일반열차 : 1시간 40분 소요

〈기타 정보〉
마을 공식 사이트 www.auxerre.com

관광 안내 사무실 www.ot-auxerre.fr
- 주소 1~2, quai de la République, 89000 Auxerre
- 전화번호 +33 03 86 52 06 19
- 6월 15일~9월 15일 시간표 월요일~토요일 9:00~13:00, 14:00~19:00 일요일, 축일
  9:30~13:00, 14:30~18:00
- 9월 16일~6월 14일 시간표 월요일~금요일 9:30~12:30, 14:00~18:00 토요일 9:30~12:30,
  14:00~18:30 일요일, 축일 10:00~~13:00

주요 볼거리

생테티엔 대성당
Cathédrale Saint-Étienne d'Auxerre

13세기에 짓기 시작해 14, 15세기를 거쳐 완성된 초기 고딕 양식의 건축물이다. 성당으로 향하는 주택가 골목길, 그 사이로 보이는 모습부터 마음을 사로잡는 무척 아름다운 성당이다. 특히 예배당 안쪽 스테인드글라스는 프랑스에서 가장 훌륭한 스테인드글라스라는 찬사를 받는데 직접 보면 찬사를 수긍하게 된다. 외관과 내부의 아름다움에 비해 의외로 관광객이 얼마 없어, 덕분에 더 성스럽고 고귀함을 간직한 아름다운 성당이다.

생제르맹 수도원
Abbaye de Saint-Germain

프랑스 사람들이 오세르를 방문하는 가장 큰 이유 중 하나가 생제르맹 수도원을 방문하기 위해서다. 욘 강 위 다리에서 보이는 마을 입구부터 방문객의 시선을 한 번에 잡는 카리스마를 가진 5세기에 설립된 베네딕트회 수도원이다. 로마네스크 양식의 종이 유명하므로 눈여겨보자. 시간대를 잘 맞춰서 '크립트(Crypte, 지하 예배당)'에도 반드시 방문해보자.

- 크립트 전화번호 _ +33 03 86 18 02 90
- 크립트 하절기 오픈 시간 _ 10:00~12:00, 13:45~17:45
- 크립트 동절기 오픈 시간 _ 10:00, 11:00, 14:00, 15:00, 16:00
- 휴무 _ 화요일, 축일, 성탄절

생퇴제브 교회 Église Saint-Eusèbe

마을 중심 상점가로부터 멀지 않은 곳에서 우연히 발견한 성당으로 상당히 아름답다. 12세기와 13세기에 거쳐 지어진 성당은 프랑스 혁명기를 거치며 철거되기도 했다는데 복원 상태가 무척 좋아서 로마네스크 양식의 아치를 잘 보존하고 있다.

오세르에서의 산책

마을 중심가로 향하는 길, 알록달록한 마리 노엘(Marie Noël, 1883년 오세르에서 태어난 프랑스의 시인이자 작가.)의 동상 뒤로 마을 중심가 입구의 시계탑 문루가 보인다. 그 사이로 보이는 중세가옥이 무척 예쁘다. 욘 강 다리 위에서 바라본 오세르의 전경이 아름답다면 마을 안에서 본 오세르는 '예쁘다'라는 표현이 맞겠다. 시계탑 문루를 지나 우체국이 있는 광장(Bureau de poste du centre-ville d'Auxerre)과 주변을 둘러싸고 있는 색색의 나무 기둥이 겉으로 드러나는 오래된 주택이 마음에 쏙 든다.

점심을 일찍 먹어서 조금 출출해질 무렵, 우연히 빵집에서 부르고뉴 지방의 명물 치즈빵 구제르(Gougère)를 발견했다. 빵을 먹으며 시간 가는 줄 모르고 오래된 집들을 구경하다 보니 어느 새 해가 지고 있다. 기차 시간을 맞추기 위해 헐레벌떡 뛰면서도 조금 전에 먹어보고 반해버린 구제르와 부르고뉴 지역의 명물인 화이트와인 샤블리(Chablis) 한 병은 잊지 않고 챙겼다.

샤르트르
Chartres
Petites villes

샤르트르에 도착할 무렵, 멀리서 보이는 옥색 지붕의 대성당의 자태에 감탄사가 저절로 나온다. 파리에 온 지 얼마 지나지 않아 에드워드와 처음으로 다녀온 파리 근교의 소도시 샤르트르는 파리에서 나고 자란 에드워드가 추천한 첫 번째 당일 여행지다. 샤르트르에는 어떤 볼거리가 있을지 기대감이 점점 커진다.

〈가는 법〉
파리 몽파르나스 터미널(Gare Montparnasse)에서 샤르트르행 일반열차 : 1시간 소요

〈기타 정보〉
마을 공식 사이트 www.chartres.com

관광 안내 사무실 www.chartres-tourisme.com
- 주소 8~10, rue de la Poissonnerie, 28000 Chartres
- 전화번호 +33 02 37 18 26 26
- 시간표 월요일~토요일 10:00~18:00 일요일 10:00~17:00

주요 볼거리

샤르트르 대성당
Cathédrale Notre-Dame de Chartres

프랑스에서 가장 아름다운 고딕 양식 건축물로 손꼽히는 대성당이다. 아름다운 건축양식도 유명하지만 무엇보다도 이 성당에는 성모 마리아의 성의(Sancta Camisia), 시리아산 원단으로 기원전 1세기에 만들어진 성의라고 알려져 있다. 샤를마뉴 대제의 손자인 서프랑크 왕국의 카를 대머리왕(Charles le Chauve)이 876년 성당에 기증한 것이라고 한다)가 보관되어 있어 전 세계의 독실한 가톨릭 신자들이 찾는다. 또한 성당의 파란색 스테인드글라스는 '파란 샤르트르(Bleu de Chartres)'라는 애칭으로 불리기도 하는데, 이 아름다운 스테인드글라스를 보기 위해 프랑스 전국에서 방문자의 발길이 끊이지 않는다.

생피에르 성당 Église Saint-Pierre

대성당으로 향하는 길에 만날 수 있는 고딕 양식의 성당이다. 인적이 거의 없어 썰렁하고 다소 허름한 성당이지만 내부의 스테인드글라스가 무척 인상적이다.

샤르트르에서의 산책

좁은 언덕길 계단을 올라가다 보면 시멘트 외벽의 남루한 주택과 나무 기둥이 외벽에 드러나는 중세가옥들이 섞여 있는 주택가들이 나타나고, 그 사이로 갑자기 범상치 않은 고딕 양식의 성당이 등장하는 조용한 마을 샤르트르. 가파르지 않은 샤르트르의 인적 없는 언덕길은 가을에 방문하는 것이 가장 아름답다. 적당한 녹음과 소규모의 도시적 색채, 대성당의 유명세와 더불어 종교적인 분위기가 조화로운 샤르트르에서의 여유로운 산책은 편안해서 좋다.

샹티이
Chantilly
Petites villes

파리에서 가까운 곳에 근사한 성이 있는 마을이 있다는 파리지앵의 귀띔만 믿고 인터넷으로 사진 한 장 확인하지 않고 찾아 나선 곳이다. 영화 〈007 위기일발〉(1984년)의 촬영장소로도 쓰였던 곳으로, 엄청난 규모의 성 샤토 드 샹티이를 목적으로 샹티이로 출발한다.

〈가는 법〉
파리 북역(Gare du Nord)에서 샹티이를 지나는 일반열차 : 25분 소요(샹티이 성까지 도보로 30분 정도, 버스나 택시 이용시 15분 정도 소요)

〈기타 정보〉
마을 공식 사이트 www.ville-chantilly.fr

관광 안내 사무실 www.chantilly-tourisme.com
- 주소 60, avenue du Maréchal Joffre, 60500 Chantilly
- 전화번호 +33 03 44 67 37 37
- 시간표 9:30~12:30, 13:30~17:30
- 휴무 일요일

주요 볼거리

샤토 드 샹티이 Château de Chantilly

입구부터 프랑스식 우아함의 극치를 보여주는 르네상스 시대의 오래된 성이다. 그랑 샤토(Grand Château), 프랑스 혁명기에 파괴되었던 것을 1870년대에 재건했다. 내부의 콩데 박물관(Musée Condé)이 유명하다)와 프티 샤토(Petit Château, 1560년경 건설된 그대로 보존되어 있다. 프랑스의 중요한 고서를 보유하고 있는 도서관이 유명하다)로 나뉘어져 있는 성 안으로 들어가면, 입구에서 놀라기는 너무 일렀구나 싶을 정도의 우아함을 목격하게 된다. 특히 프티 샤토의 엄청난 고서 도서관은 황홀할 정도이며 성을 둘러싼 숲이 아주 상쾌하다.

〈콩데 박물관 및 샤토 드 샹티이, 연락처 및 개관 시간〉
2월 1일~3월 29일 10:30~17:00(정원은 18:00까지) 〈휴무〉화요일
3월 30일~9월 29일 10:00~18:00(정원은 20:00까지) 〈휴무〉없음
9월 30일~10월 27일 10:00~18:00(정원은 20:00까지) 〈휴무〉화요일
10월 28일~12월 31일 10:30~17:00(정원은 18:00까지) 〈휴무〉화요일
〈전화번호〉+33 03 44 27 31 80

샹티이에서의 산책

기차역에서 한참 걸어야 한다는 소리에 자동차로 출발한 샹티이로 향하는 길. 마을 구석구석을 들여다보는 재미를 놓쳐버린 것 같아 아쉽다. 환한 하늘이 어두워지며 부슬부슬 비가 내리기 시작해서 차로 오길 잘했다 싶은 것도 잠시, 주차장에서 바로 보이는 성 입구에서 차로 와도 어차피 비는 다 맞아야겠다 싶어 다시 후회가 된다. 눈앞에 우아하게 펼쳐지는 매혹적인 성에 홀려 온몸이 젖는 것도 잊어버리고 말았다. 성 안을 천천히 다 둘러보고 나왔는데도 여전히 비는 내리고 있다. 성 전체를 둘러싼 아름다운 숲이 건강한 기운을 뿜어내며 유혹한다. 쾌적한 숲에서의 여유로운 산책은 성 안을 꼼꼼히 들여다보느라 지친 체력에 기운을 불어 넣어준다. 샹티이 성에서만 하루를 머물렀지만 그 이상 상상할 수 없을 만큼 상쾌하다.

EPILOGUE
─
아직 많이 남은 이야기, 파리

"승객 여러분, 저희 비행기는 잠시 후 파리 샤를 드 골 국제공항에 도착할 예정입니다. 현재 파리 현지의 날씨는…."
  11시간의 길고 피곤한 비행기 여행의 종점을 알리는 안내 방송에 좁은 의자에서 반쯤 누워있던 자세를 바로잡아 앉았다. 그리고 습관적으로 볼펜과 수첩을 꺼내 들었다. 이번 여행에서는 어디에 가서, 무엇을 보고, 이것은 꼭 먹고, 어디서부터 어떻게 이동해야 알차게 둘러 볼 수 있을지. 미리 세워 둔 머릿속의 계획을 수첩에 옮기는 작업을 언제나 파일럿의 도착 예정 안내 방송을 듣고 시작하곤 했다. 무의식적으로 볼펜을 꺼내고 수첩을 폈지만 옮겨야 할 계획이란 게 하나도 없다. 정말이지 아무런 계획도 없이 또 다시 파리행 비행기를 탄 것이다.

  지난 1년 6개월 동안, 네 번의 파리행 비행기를 탔다. 그중 두 번은 로마에서 출발했고, 나머지 두 번은 서울에서 출발했다. 양 한 마리, 소 한 마리도 키우지 않지만 서울과 로마와 파리를 유목민처럼 떠돌며 살았다. 로마에서 출발한 첫 번째 파리는 신선했고, 두 번째 파리는 즐거웠다. 그리고 서울에서 출발한 세 번째 파리는 조금 두려웠던 거 같다. 그건 아마도 네 번째, 다섯 번째 파리행 비행기를 타게 될 거라는 예감이 있었기 때문일 것이다. 그리고 서울에서 출발한 네 번째 파리는 정신없이 바빴다. 잠시 후, 나는 예감한 대로 다섯 번째 파리에 도착한다. 다섯 번째 파리는 아마도 아주 긴 여정이 될 것 같다.

볼펜과 수첩을 그냥 가방 안에 넣는 것이 멋쩍어, 몇 가지 계획을 적어 넣었다. '도착하자마자 엄마에게 전화할 것, 이번 주 내로 체류증 관련 서류를 OFII(프랑스 이민 통합 사무소)에 등기우편으로 보낼 것. 한국대사관에서 재외국민 신고와 혼인신고할 것. 그리고….'

그랬다. 몇 개월 전, 오랜 시간 막연한 기대만을 품고 미루고 망설이다가 때를 놓쳐 버린 듯 했던 일, 남들은 다 하지만 왠지 나는 하지 못할 것 같았던 일, 그렇게 내게는 어려웠던 선택, 결혼을 했다. 나의 결혼 상대는 그를 처음 만났던 2007년, 로마의 여름에는 상상조차 하지 않았던 사람, 에드워드다.

에드워드가 있는 파리는 집으로 가는 길 잠시 들른 곳이었고, 달콤한 데이트 장소였으며, 또 즉흥적인 여행지였다. 오래된 도시가 갖기 힘든 생기와 대부분의 대도시가 지니지 않는 여유로움이 공존하는 곳 파리, 차가움과 친절함, 두 얼굴을 가진 파리지앵이 사는 도시에서, 나는 에드워드와 새로운 일상을 시작하려 한다. 그 일상은 아무런 계획이 없어 자유롭고 도전적일 것이며, 고양이 같은 호기심을 지닌 파리지앵 속에서 내 안을 더 들여다보는 학구적인 시간이 될 것이다.

승무원이 테이블을 세우라는 손짓을 한다. 계획이라기보다 그저 해야 할 일을 메모한 수첩을 서둘러 가방에 넣고 테이블을 정리했다. 드디어 착륙이다. 지독한 매력으로 많은 이를 유혹했고, 유혹하고 있는 파리에서 펼쳐질, 아직 많이 남아 있는 나의 진정한 길고 긴 바캉스가 시작되는 순간이다.

Thanks to,
《한 달쯤, 파리》와 《한 달쯤, 로마》는 내 친구 영은이가 없었다면 쓸 수 없었을 책입니다. 영은아, 고맙다! 한 달쯤 시리즈를 두 번째로 믿고 맡겨주신 박선영 대표님, 늦어지는 원고를 무던히도 참고 기다리며 격려해준 김민영 에디터님 감사합니다.
항상 걱정해주고 늘 믿어주는 우리 엄마, 아빠에게 감사 드립니다. 비 오는 날도 마다하지 않고 빵집을 같이 다녀준, 지금은 호주에서 열심히 공부하고 있을 귀여운 환희야, 고맙다!
원고 작업 동안 물심양면 도움을 주신 에드워드의 어머니, Maman! Merci beaucoup!
《한 달쯤, 파리》의 다정한 정보 제공자 Catherine, Vincent, Véronique, Pierre, Anne, Manon! Merci! 그리고 그 누구보다, 원고를 쓰기 시작한 날부터 마칠 때까지 아낌없이 배려해주고, 가장 큰 버팀목이 되어 준, 이제는 내 남편이 된 Édouard에게 진심으로 고맙다는 말을 전합니다. Merci, mon mari!

한 달쯤, 파리

초판 1쇄 발행 2013년 6월 14일
　　　3쇄 발행 2014년 7월 11일

저자 이주영

발행인 서영택
본부장 이홍
편집인 박선영
책임편집 김민영

디자인 정해진 www.onmypaper.com
교정·교열 장지은
마케팅 이승아, 문혜원
제작 류정옥

임프린트 봄엔

주소 서울시 종로구 견지동 87-1 가야빌딩 4층
주문전화 02-3670-1021, 1173, 1595
팩스 02-747-1239
문의전화 02-3670-1059(편집), 02-3670-1023, 1024(마케팅)

발행처 (주)웅진씽크빅
출판신고 1980년 3월 29일 제426-2007-00046호

ⓒ이주영, 2013

ISBN 978-89-01-15839-6
　　　978-89-01-14926-4(set)

'봄엔'은 (주)웅진씽크빅 단행본사업본부의 임프린트입니다.
이 책은 저작권법에 따라 보호받는 저작물이므로 무단 전재와 무단 복제를 금지하며,
이 책의 전부 또는 일부를 이용하려면 반드시 저작권자와 (주)웅진씽크빅의 서면동의를 받아야 합니다.
이 도서의 국립중앙도서관 출판시도서목록(CIP)은 e-CIP홈페이지(http://www.nl.go.kr/ecip)와 국가자료공동목록시스템
(http://www.nl.go.kr/kolisnet)에서 이용하실 수 있습니다.(e-CIP제어번호: e-CIP 2013007831)
*잘못된 책은 바꾸어 드립니다.
*책값은 뒤표지에 있습니다.